中华爱国人物故事

ZHONG HUA AI GUO REN WU GU SHI

谨身节用留史传世的司马光

李沫薇　编著

吉林人民出版社

图书在版编目(CIP)数据

谨身节用留史传世的司马光 / 李沫薇编著. -- 长春
: 吉林人民出版社, 2011.5
 (中华爱国人物故事)
 ISBN 978-7-206-07867-5

Ⅰ.①谨… Ⅱ.①李… Ⅲ.①司马光(1019~1086)
–生平事迹 Ⅳ.①K825.81

中国版本图书馆 CIP 数据核字(2011)第 075655 号

谨身节用留史传世的司马光
JINSHEN-JIEYONG LIUSHI CHUANSHI DE SIMA GUANG

编　　著:李沫薇
责任编辑:王　斌　　　　　　封面设计:七　洱
吉林人民出版社出版 发行(长春市人民大街7548号　邮政编码:130022)
印　　刷:鸿鹄(唐山)印务有限公司
开　　本:670mm×950mm　　　　1/16
印　　张:8　　　　　　　字　　数:70千字
标准书号:ISBN 978-7-206-07867-5
版　　次:2012年5月第1版　　　印　　次:2023年6月第4次印刷
定　　价:35.00元

总　序

胡维革

　　《中华爱国人物故事》是一套故事丛书。它汇集了我国历史上80位古圣先贤、民族英雄、志士仁人、革命领袖、先进模范人物的生动感人史迹，表现了作为中华民族优秀传统的伟大的爱国主义精神。

　　爱国主义是人们对于"生于斯、长于斯、衣食于斯"的祖国的一种神圣感情，是人们对于自己民族的一种强烈的责任感和使命感，是感召和激励整个中华民族的一面永不褪色的旗帜。在漫长的历史上，爱国主义一直激励着中华儿女为祖国的独立、统一、进步和繁荣而英勇奋斗。从伟大的思想家教育家孔子到统一全国的千古一帝秦始皇，从秉笔直书著《史记》的司马

迁到鞠躬尽瘁死而后已的诸葛亮，从伟大的浪漫主义诗人李白到精忠报国的民族英雄岳飞，从七下西洋传播友谊的郑和到抗击倭寇的民族英雄戚继光，从苟利国家生死以的林则徐到为变法流血的第一人谭嗣同，从威震敌胆的抗联将军杨靖宇到人民音乐家聂耳与冼星海，从踏遍青山人未老的李四光到万婴之母林巧稚，从县委书记的好榜样焦裕禄到情系雪域献身高原的孔繁森……都表现出了强烈的爱国主义精神。正是由于热爱祖国的人们前仆后继地奋斗，国家和民族才得以生存，历经一次次历史危急关头而能转危为安，走向兴盛和富强，从而屹立于世界民族之林。爱国主义是鼓舞中华儿女历经忧患、跨越沧桑、百折不挠、自强不息的伟大力量，它贯穿于中华民族的整个历史，并有力地凝聚着五洲四海的中国人。

爱国主义是一个历史的范畴，在社会发展的不同阶段、不同时期有着不同的具体内容。革命时期，需要我们为祖国的独立自主出生入死；建设时期，需要我们为祖国的繁荣富强增砖添瓦；在全国各族人民团结一心建设富强、民主、文明、和谐的社会主义现代化国家的今天，我们要争做一名新时期的爱国者。新时期的爱国者要有强烈的民族自尊心和自豪感。民族自尊心和自豪感是任何时期任何爱国者都必须具备的情感。民族自尊心能增强我们自立向上的恒心，民族自豪感能树立我们建设祖国的信心。要树立"祖国高于一切"的崇高信念，为了祖国和人民的利益不惜抛却个人的利益，甚至不惜牺牲个人的生命。要树立终身学习的理念，拓

宽自己的知识面,广泛吸收新知识新技术,完善自身的知识结构,更新学习知识的方法与理念,从思想上、知识上充分武装自己,为祖国的繁荣昌盛贡献力量。

爱国主义思想的继承和发扬,是关系到民族盛衰、国家兴亡的根本问题。一代代人爱国主义思想情操的形成,需要不断地培养。培养爱国主义的一个重要途径是向爱国主义的英雄人物和典范事迹学习。这套丛书的出版,对于人们向英雄和先进人物学习,特别是对于在中小学生中进行爱国主义教育,将可提供一些生动的教材。祝愿此书出版发行成功,为培养"四有"新人做出贡献。

于 2011 年 4 月 23 日

世界读书日

中华爱国人物故事

目 录
CONTENTS

目 录
CONTENTS

家世

　　北宋真宗天禧三年（1019年），光州（今河南光山县）县令司马池，因为任职多年又有一定的政绩，朝廷把他的官品从九品提升到八品。这年金秋季节，光州一派丰收景象，人们都带着丰收的喜悦。说来也巧，正当光州百姓喜获丰收的时候，也是县令司马池晋品升级的日子，同时，又一件喜事降临了。在十月十八日，司马池的夫人聂氏又给司马池生下一个儿子，这就是司马光。很明显，司马池之所以给儿子取名为司马光，这个"光"字，不仅有出生地上的纪念意义，而且这个字本身，也明显有着相当不错的寓意，比如光耀门庭、光宗耀祖等等。

　　司马光家世代官宦，远祖是西晋皇族平安献王司马孚，原籍河内（今河南沁阳）。司马孚之裔司马阳，是北魏的征东大将军，死后葬于陕州夏县涑水乡的高堠里，其子孙便于此地家居，因以为籍贯。此后这个家族的政治地位开始下降，司马光的高祖司马休，曾祖司马政、伯祖司马炳皆因五代战乱没有做官。到了北宋初年，司马光的祖父司马炫又考中了进士，当了官。司马炫虽然只做过县官，但却是一位很有名气的人，此人"以气节著乡里"，他在陕州富平县为县令不久，就使"境内大治"。

司马光出生时他的父亲司马池担任该县知县。司马池（公元979—1041年），字和中，幼年失怙，父亲积攒下来的薪俸，也算一笔不菲的遗产，但司马池毫无保留，全都交给叔父们去经营，所得全作为家族的公费。他的

司马光像

志愿是像父亲一样，读书中进士，进入仕途。司马氏家族累世聚居，他们从不分家，大家吃住都在一起。

司马池在20岁不到的年纪，就表现出独到的见解和眼光。解州（今山西省运城市盐湖区解州镇）池盐运往京城汴梁，通常是这样的路线：蒲坂（今山西省永济市蒲州镇）——窦津（今山西省芮城县陌南镇）——大阳（今山西省平陆县茅津渡）。当时人们认为这样不仅绕远而且路很难走，于是开含口（今山西省绛县冷口乡）盐道，从闻喜（今山西省闻喜县）经垣曲（今山西省垣曲县）。都认为这样确实方便了不少，而司马池说："前人为什么舍近求远？恐怕近道有不便之处。"大家不以为然。当年夏天，山洪暴发，盐车、人、牛全被冲到了河里。大家这才叹服。

司马池是一位孝子。他幼年丧父，是母亲皇甫氏一手将他拉扯成人的。司马池赴京赶考，但在殿试前夕，母亲皇甫氏病故了。朋友们为了不影响他考试，就把报丧的家书藏了起来。但似乎是心灵感应，殿试的前一天晚上，司马池怎么也睡不着，说："母亲一直有病，该不会是她有什么事吧？"第二天到了考场门口，徘徊良久，跟朋友说，朋友只告诉他母亲得了病。司马池听后号啕痛哭，立即返乡。

司马池后来中进士，被任命为河南府（今河南省洛

司马光故居

阳市东）永宁县（今河南省洛宁县）主簿，他出入总是
骑一头毛驴。县令陈中孚是个倨傲凶狠的家伙，司马池
跟他不是很合得来。有一次，司马池因公去见陈中孚，
结果他像皇帝一样面南而坐，对司马池不理不睬。司马
池也毫不让步，将这家伙拽到东面的座位上坐下，然后
才开始谈公务。

司马池历任睦州建德（今浙江省建德市东北，睦州
州治所在）、益州（即成都府，今四川省成都市）郫县
（今四川省郫县）县尉。郫县县尉任上，当时突然有传言
"驻军即将哗变"又传"少数部族已经叛乱。"富人们纷

纷埋藏金银财宝，逃到山里头去了，搞得人心惶惶。知县借口公干，跑到州府躲着去了。主簿也称病不出。当时正是正月十五上元节，司马池下令城内张灯结彩，大开城门，任四乡百姓游览观赏。这样过了三个晚上，人心渐渐安定下来。任满，获得十三丰推荐信，迁郑州（今河南省郑州市）防御判官。不久，调任光山（今河南省光山县）知县。

司马池任光山知县的时候，宫中搞土木工程，向各

司马光故里

州调运竹木，州府限三天完成。司马池认为光山县本地不产大竹，只能去外地购买，这样无论如何三天之内不可能完成，于是与百姓另定一期限，约定逾期完不成就要接受处罚。结果光山县反而完成得比其他县都要早。

因为翰林学士、光州（今河南省潢川县）知州盛度的推荐，司马池改任秘书省著作佐郎、监寿州（今安徽省凤台县）安丰县（今安徽省寿县南）酒税。很快，他又被调任遂州小溪县（今四川省遂宁市，遂州州治所在）知县。任满还朝，龙图阁学士刘烨出知河南府（今河南省洛阳市东）兼留守司，辟司马池知司录参军事。一年多，司马池升任留守司通判。数日后，入为群牧判官。

在群牧判官任上，曹利用曾委托司马池收缴大臣们所欠的马款，司马池说："命令得不到执行，是因为领导带头违犯。您现在就欠得不少，如果不先缴清，我怎么去向他人催收。"

曹惊讶地说："经办人告诉我都缴清了呀。"随后，曹即命人缴清了欠款。其他人见此情势，几天之内也都缴清。后曹利用被贬黜，原来依附他的人害怕受牵连，纷纷反戈，回头攻击曹利用。只有司马池在朝堂内外扬言，说曹利用是被冤枉的。

章献太后身边的太监皇甫继明，当时兼任估马司的头，他自称买马有赢利，要求升官。这件事交群牧司核

实，结果根本没有。其他人害怕皇甫的权势，明知道他
在瞎说，但觉得还是附会算了。只有司马池说不行，皇
甫继明当然怀恨在心。后来司马池被任命为开封府推官，
皇甫继明从中作梗，遂罢为耀州（今陕西省铜川市）知
州。不久升利州路转运司。任满，固求外职，遂除凤翔
府（今陕西省凤翔县）知府。其后，以知谏院召，司马
池说："谏职不过两条路，或者犯颜直谏以尽臣节，或者
保持缄默以图高官；不是招来祸患，就是坏了名声，无
法两全。"上章恳辞。仁宗皇帝感慨万纷，对宰相说：
"人人都喜欢升迁，司马池却不，难能可贵呀。"司马池
后来进直史馆，再任凤翔知府。

司马井

　　此次凤翔任上发生的一件事颇能说明司马池的为人。当时，有件疑难案件呈报后被大理寺驳回，凤翔府具体负责办案的官员很害怕，自责不已。司马池对他说："是我工作做得不好，不怪你们。"独自把责任承担下来。幸好朝廷有诏，此事不再追究。

　　在凤翔任上还有一件事：司马池手下的一个镇巡检，晚上在一富人家里喝酒，被他的手下碰到了，这种事情在当时不被允许。这个手下胁迫巡检与他约定，以后不再督管手下，才松了绳索。司马池发现以后，将首恶绳之以法，那个巡检也因此被撤职。

　　司马池还兼侍御史知杂事，在御史台，拜工部郎中。他多次上疏，论朝政得失。历任户部度支、盐铁副使。任职期满，皇帝说："就是那个坚辞谏官的司马池吧。"授天章阁待制、知河中府（今山西省永济市蒲州镇）。期满，司马池又改任同州（今陕西省大荔县）知州。一年多，迁兵部郎中，仍以前职，出知杭州（今浙江省杭州市）。

　　在杭州知州任上，司马池因为生性质朴平易，不擅长处理繁杂的事务，而且不屑于搞吃喝、吹拍之类的应酬，加上不熟悉吴地风俗，因此指责就传到了朝廷。两浙转运使江钧、张从革以决策失当等十余条罪名弹劾司马池。他遂被降为虢州（今河南省灵宝市）知州。就在江、张二人弹劾司马池后不久，他们的厨师、姻亲因涉嫌偷盗公家银器、偷税漏税被拘捕。有人对司马池说正可以借机报仇，司马池说："这样的事情我做不出。"庆历元年（公元1041年）十一月，逝于晋州（今山西省临汾市尧都区）知州任上，享年63岁。

司马光的母亲聂氏是司马池的第二任妻子。关于这位女性，所知不多，只知道她的父亲叫聂震，曾做过秘阁校理这个官职，她先于司马池一年去世，去世后封钱塘县太君。庞籍称其"才淑之懿，孝睦之行，著于闺门，而称于乡党焉"。

司马光的长兄司马旦，字伯康，司马池的长子。他比司马光大13岁。史书上说他"清直敏强，虽小事必审思，度不中不释"。古时官制，父祖为官时，朝廷会根据

司马光雕像

其官职，恩选不同人数的子孙直接做某个级别的官，称为恩荫。司马旦就是通过这种方式走上仕途的。但这并不表明他在政治上的平庸。

在郑县（今陕西省华县，华州州治所在）主簿任上发生的三件事颇能说明其政治才能。其一，当时有一拖了十年也结不了的案子，是一个寡妇诉某人强夺其田产。本来案子并不复杂，主要是被告上下使钱，买通证人、官吏等。司马旦取来案卷，很快就结了案。夺人田产者被抓被罚自不必说，因此案牵连而被撤职查办的官吏就有数十位。其二，郑县当时有一个家伙，自充老大，横行乡里，谁也不敢把他怎么样。司马旦不理他这一套，硬是把这个家伙逮捕归案，绳之以法。当时司马旦还很年轻，刚开始都不把他当回事，自此对其刮目相看。其三，有一年郑县发生蝗灾，官府的工作人员，也积极地投入到捕蝗斗争中去。按说这是好事，但可能就有些官吏做了些巧立名目，向农民收取类似茶钱之类的费用。司马旦发现了以后说："蝗虫这东西，它是人民的敌人，应该让他们自己去捉；至于我们，只管接收就行了。"后来这一条被写进当地的法令。

司马旦一生历官十七任，一直做到从四品的太中大夫。退休后回到故乡夏县养老。他做官的时候风风火火，退休后为人却相当低调，心态特别好，别人都看不出他是曾经做过大官的人。司马旦兄弟相处得很好，司马光的观点里有很多受司马旦的影响。后来皇帝想让司马光出任门下侍郎的时候，司马光开始极力推辞，经过司马旦的一番开导，司马光终于接受了。

司马光的二哥司马望，司马池的次子，早年夭折。

司马光还有位姐姐。在那个著名的青胡桃皮事件中，她对司马光呵护有加，费了好大的劲想要替小弟搞掉胡桃皮，但最终未能成功。成年之后，她嫁给了一个叫崔穀的人，博陵人氏，崔氏在当地属望族。

司马光的先辈和堂兄六七人都是进士出身，他们多是好学之士，爱好诗文，其家族世代书香，"笃学力行"，是一个具有文化传统和学问素养的文明家族。他就是在这样的环境中成长起来的。

童年

　　司马光出生在光州，但是他的原籍却不在光州，而是在陕州夏县（今山西夏县）涑水乡司马村。司马村是涑水乡西部一个小村屯，可能是因为姓司马的人在村里多得名吧。这里山清水秀，一条清澈的涑水从村前流过，也正因为这条涑水而使这个乡称为涑水乡。

　　涑水是光州的大河流，它发源于山西南部的中条山中段的横岭山干洞中，清清的泉水从干洞流出，流过这里的石灰岩地层后不久就钻入地层下面，在进入绛县（今山西绛县）境内形成一条地下河。而它在喜县（今河南安邑县）境内又出现在地面上，然后流进了夏县（今山西夏县），在夏县西南流向安邑（今山西喜县），并奔向黄河。涑水是夏县境内的最大河流，河水清澈，日夜川流不息。涑水不仅灌溉着夏县的土地，也滋润着夏县的文化。司马光虽然出生在光州，但他的自身和文化渊源还是在夏县，或者更确切地说是在涑水乡的司马村。
也正是涑水这条美丽的河流，哺育了司马光这位伟大的
政治家和史学家。

司马光出生时，虽然他的父亲司马池正担任光州光
山县令，但司马池对子女的家教很严，对子女并不溺爱，
从小就注意从多方面进行严格的教育，使司马光从小就
养成了诚实、节俭和刻苦学习的良好习惯。

司马光小时候就不喜欢华丽奢侈，大人每每给他穿
上华美的衣裳，或者戴上金银一类的饰品，他就会满脸
通红，羞愧难当，继而弃之不顾。司马光这种好俭朴的
习惯，在少年时就已经养成了，而后来一直贯穿着他的

司马光故里

司马光塑像

一生。他的俭朴习惯大概与司马氏家风有着直接关系。即使父亲司马池做了知州，司马氏家中其他成员也在农村，过着一般人的生活。后来司马池做了大官，但家风始终没有改变。后来司马光回忆说："我记得在天圣（宋仁宗的年号）初，光公（他的父亲）为郡牧判官，来了客人没有不置酒的，但也只是三行、五行，多不过七行。酒都是从市场买来的，果也只是梨、栗、枣、柿之类，肴也只是脯醢、菜羹。器皿用瓷的。"俭朴家风影响着司马光，后来随着年龄的增长，阅历的加深，司马光出自美德的本性，对俭朴的认识也渐渐地升华了。

在少年司马光的美好品德中，除了俭朴之外，还有

诚实。诚实也是司马光的突出的美德，这无疑也与家庭教育分不开。在司马光6岁时，著名的青核桃事件就在这一年发生。它在司马光的成长历程中是一个标志性的事件，对他日后诚实守信品格的形成，有着非同寻常的意义。

　　一次，有人从家乡夏县捎了一些青核桃给他们。青核桃去皮是需要一些技巧的，如果只是一味硬剥，很难成功。司马光的姐姐就想要这么做，结果下了很大功夫，效果不好。姐姐走后，一仆人把青核桃放进开水里烫了一会，再拿出来的时候，去皮变得非常容易。等姐姐想了一圈办法又折回来，司马光已经在吃着核桃仁了。

姐姐非常惊讶，问："是谁这么聪明呀?"

司马光随口说："看不出来吧? 是我呀。"

这件事情正好被父亲司马池全部看到，他大声呵斥司马光："小子何得谩语!"——小孩子怎么能胡说八道!

这件事虽然很小，但给司马光留下很深刻的印象。从此，无论是为人处世还是学习知识，他总是十分诚实，不敢有半点虚假。在中国典型的严父慈母的教育和影响下，司马光度过了自己的少年时代，他的性格及人品慢慢地定型，形成了襟怀坦荡、忠诚老实的个性。他长大成人后，为了表示一辈子做个诚实人的决心，把自己的字起为"君实"。

从六岁起，父兄开始教司马光读书，起初，他对所学的东西不能理解，背书也记不住。父亲知道了，就告诉他：读书不能只是背，要多想，把意思弄懂。于是，别人在玩耍时，他不去，一个人找个清静的地方苦读，直到把书背得滚瓜烂熟为止。很快，他的学业进步了。对学习的兴趣也越来越浓厚，总是书不离手，句不离口。司马光的史学天赋，在这时已有表现。大约七岁的时候，他听人讲《左传》，就能领会大致意思。回到家里以后，他又转手把听过的故事讲给家人听，并可能因此获得了夸奖。从此，司马光对史书产生了浓厚的兴趣，以至爱不释手，对于口渴肚子饿，以及寒冷溽热、季节变化这

一类事情，都浑然不觉了。

当时安丰县有一天才少年，很有名气，他姓丁。这个少年不仅记忆力超群，过目成诵，而且文章也写得相当精彩。这类智商极高的少年，很是让人羡慕，当时司马光的父兄对司马光的期望就是，将来能像丁少年那样。但是丁少年后来仕途不顺，很大年纪了才做到县令，而同辈甚至年纪更轻的后生，在职务上早已超过了他。人的命运是由多方面的因素，诸如性格、机遇、天时、地利等综合决定的，并非仅仅是智商高低或者才气大小那么简单。

少年司马光不仅诚实，他还是一个勇敢有胆识的好孩子。一天，风和日丽，花繁叶茂，当时司马光正和很多小朋友一起玩耍，院里有一口大缸，里边蓄满了水。可能用于防火，着火的时候用缸里的水去浇；或者相当于蓄水池，仅为灌溉花卉树木；也或者两者都有。不知道他们在玩什么，这时有个小孩爬到缸沿上，一不小心失足掉进了缸里，缸大水深，眼看那孩子快要没顶了，孩子们都吓坏了，四散逃去，有的则跑到外面向大人求救。司马光却没有惊慌，他急中生智迅速找到一块大石头，端起来，然后狠狠地向那口大缸砸去。缸破了一个大洞，水从那个大洞奔涌而出，掉进大缸的小孩子因此而得救。小司马光遇事沉着冷静，从小就是一副小大人模样,当时的东京汴梁和西京洛阳一带,有人把这件事绘成图画,取名《小儿击瓮图》,风行一时,流传甚广。

到了十二三岁,司马光对书中的义理,渐渐有了自己的理解。在学习上不只是死记硬背,更能开动脑筋,勤于思考,坚持了"朝诵之,夕思之"的诵读与理解并重的方法。司马光从勤读善思中产生了学习的癖好,这在他后来的一首诗中写道:

圣贤述事业,

细大无不实。

高出万古表,

远穷四海端。

于中苟待趣，

自可忘寝餐。

又过了两年，司马光已经十五岁。现在，他对书无所不通，文章也写得不错："文词醇深，有西汉风。"这可能是他特别喜欢《左传》，并有意无意间模仿了它的缘故。

司马光后来表现出来的渊博学识，来自惊人的刻苦努力。他睡觉用的枕头是一段圆木，叫"警枕"。圆木容易动，使人睡不稳，只要圆木一动，司马光就惊醒了，他立即起床挑灯夜读。正是这种精神，使司马光从小就博览群书、学识超群。

　　司马光十五岁时，按照大宋的有关规章制度，他面临着一个机会：根据司马池的官职级别，朝廷允许他的两个后代进入仕途。但司马光把属于他的那个名额，让给了他的一位堂兄。这并不完全是谦让，司马光可能对自己的才学相当有把握，而且，官场上对恩荫为官的人存在歧视，通过恩荫进入仕途，可能会使他感到某种缺憾。司马光没有享受这次"任子"的权力，由此看出少年司马光对于地位和荣禄表现出很淡薄的态度。后来又有个机会，司马光终于接受下来，职务是郊社斋郎。

　　从幼年到少年，司马光的家庭环境是很美满的，而且教育与培养也都很理想，所以，司马光的成长也很顺利，无论是品德还是学识，在当时的同龄人中都是很突出的。也正因为这样，当时很多人都称赞司马光，并且有长辈，也有学者。庞籍，字醇之，单州（今山东省单县）成武（今山东省成武县）人，是司马池的好朋友，二人志同道合，出处如一，相互看到对方的优点，彼此欣赏和敬重。他又是司马池的顶头上司，他们多年共事非常知心，平日经常到司马池家做客。每当这个时候，司马池常常让司马光出来作陪。在作陪中司马光对庞籍的尊敬和礼貌给他留下很好的印象，因此非常喜爱少年司马光。庞籍每次见到司马光都抚摸着他的小脑瓜，拉着他的手，亲近的心情溢于言表。

还有另一位长辈张存，字诚之，冀州（今河北省冀州市）人氏，进士出身。后来任侍御史，任上曾成功说服仁宗皇帝改变一项错误的决定。也是司马池的好友，对司马光也非常喜欢，后来就把自己的女儿许配给司马光了，这种关爱心情可见是不一般，司马光对这些长辈的爱戴都终生不忘。

司马光的父亲在司马光稍稍长大一些以后，又让他广交师友。大约在司马光十五岁那一年，少年司马光到华州（今陕西华县）去拜访当时的著名唐史学者孙之翰，从此结下师生友谊。孙之翰对自己的著作极为珍惜，他

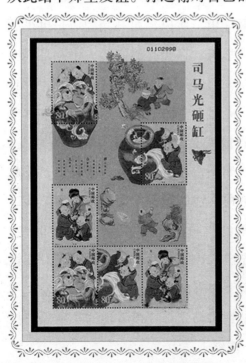

把手稿单独存于一容器，每次打开之前，都要先洗手。曾跟家里人交代，万一遇水灾、火灾，或者打仗、有人打劫等紧急情况，其他财物都可以放弃，但这部手稿一定要保全。一有空，他就取

出来增删修改。孙之翰死后，他的侄儿孙察把孙之翰生前所写的唐史书稿又抄录给司马光，可见司马光与孙之翰师生情谊之深厚。

司马光砸缸雕塑

除了交结师友之外，司马光还经常跟随父亲司马池去外地领略祖国的壮丽山河，以此来陶冶情操。宋仁宗天圣九年（1031年），司马池任利州（今四川广元县）路转运使，一次，司马池带着司马光到利州的古刹名寺去参拜。还有一次，司马池带着司马光拜见当地名人鲜于，还把司马光所写的诗镌刻在石壁上，这些都给少年司马光留下非常美好的记忆。由于良好的教育和优越的环境，使司马光的成长非常顺利，思想和品德日趋成熟，从此也奠定了他以后的人生道路。

补仕

　　按照宋朝的恩荫制度，中级以上大臣的子弟和后人都享有补官的特权，司马光的父亲官居四品，宋仁宗明道二年（1033年），15岁的司马光就得到了恩补郊社郎的官位，不久，又改授他为将作监主簿。这个职位是很低的，实际上并没有多少事做，司马光一面以学习为主，一面干一些公事，受到了初步锻炼。

　　受恩补入仕的人，往往不受重视，胸怀大志，饱读经书的司马光，毕竟不是平庸之辈，宋仁宗宝元元年（1038年）三月，刚满20岁的司马光便一举高中进士甲科，显示了他自幼刻苦学习而造就成才的丰硕成果。甲科进士就是进士中的优秀者，能考中在当时是非常光荣的事情。这年朝廷取进士七百多名，与司马光同时中进士的还有吕溱、范镇、宠之道、石杨林、李公素、周源、吴元等，这些人与司马光都是朋友，交往很多。这样年轻就中了进士，在当时也是少见的。然而，司马光却不以此自满自傲，而是豪迈地提出："贤者居世，会当履义蹈仁，以德自显，区区外名何足传邪。"司马光历来朴素节俭，不喜欢奢侈浮华的东西。考中进士后，皇上赏赐喜宴，在宴席上只有他一人不戴红花，同伴们对他说："这是圣上赏赐的，不能违背君命。"这时他才插上一枝花。

　　司马光已经进士及第，这自然是人生中最快乐的时刻，在朝廷的任命到达之前，他还有一件重要的事情要办，那就是完婚。青年司马光迎来了新婚之喜的日子，

司马光

他与吏部尚书张存的三女儿结了婚，从此司马光步入成家立业的人生征途。张存是个官宦人家，又是书香门第。张存的女儿在他的培养教育下，也非常知情达理，具备封建社会妇女的全部美德。

她性格温柔，品德端正，比司马光小四岁。司马光的婚姻是美满的，据说这位贤惠的张氏，从来不对司马光发怒，也不像一般女人那样说些娇妄之言。

司马光中进士后，朝廷授他以奉礼郎，华州判官之职。他虽然很年轻，但是已经胸怀天下。一段时间以来，家人几乎被他搞得神经衰弱。晚上在屋子里睡得好好的，迷迷糊糊地就看见他突然匆匆忙忙爬起，穿上官服，手执笏板，正襟危坐很长时间。还好，因为他常常如此，大家渐渐习以为常，只是弄不清楚他到底为什么这样。后来一位很亲密的朋友随口问起，司马光回答说："我当时忽然想到天下大事。"

　　司马光派往华州（今陕西结县）任州判官时，司马光的父亲司马池担任同州（今陕西大荔县）的知州。同州与华州南北相邻，都由永兴军路管辖，这样，刚刚步入仕途的司马光便会因为公事或自己的事情，经常去同州向父亲请教。司马光在华州做了一件很有意思的事情。他发现《同州题名记》的作者颜太初是位很有学问的人物，尽管他没有多大名气，据说这位颜太初很有才识，很能坚持正义，因此得罪了不少顶头上司。他一生没有做过大官，只是一个八九品的小县官。颜太初曾有两件事使人们永远不忘。一件是他看到青州在宋仁宗景祐初年，有一些人消极避世，模仿魏晋上层社会清谈，并逃

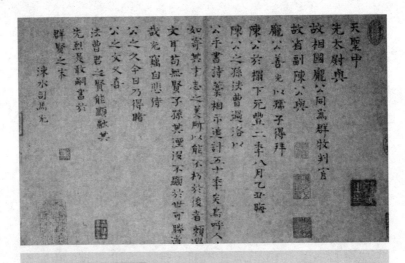

司马光《天圣帖》

往山野，无所事事。于是颜太初针对这种社会现象就写了一首《东州遗党诗》进行讽喻，后来这首诗传到京城，又被皇帝看见，皇帝认为太平盛世出现这种现象不可轻视，又认为这与青州知州工作不力有关，于是把青州知州撤了职。

又一件事是颜太初的一位好朋友在邻州境内的一个县任县令。这位县令也与颜太初性格相同，喜欢给上司提意见，因此得罪了知州。知州为了官报私仇，就把这个正直的县令关进监狱。县令的妻子为丈夫的不白之冤申诉无门，哀苦不已，非常可怜。颜太初见到此不平，便仗义而出，又为之鸣冤，《哭友人诗》揭发知州。朝廷知道后又把知州撤职。由于这两件事使颜太初的名声大振，成了附近知名的正义化身。尽管这样，但由于颜太初敢于伸张正义，被一些权势重臣认为是"狂妄"，所以没被重用。颜太初一生才华满腹，大志未酬，刚刚四十岁就死去了。对于这样一位有才华敢于斗争的人，司马光深感可惜，他怀着正义感和同情心，便把颜太初的遗文搜集起来，经过精心整理，编成《颜太初诗文集》。同时，司马光又怀着敬佩的心情，为文集写了序言。在序言中司马光在为颜太初鸣不平，在为正义而呼唤，呼唤社会伸张正义。

司马光在华州时曾去过同州，在同州他领略了祖国古老的文明。同州是座历史悠久的古城，城里有座古刹，名称龙兴寺。据说这庙是隋朝创始者杨坚居住过的地方。寺内有隋文帝大臣李德林撰写的碑文，还有著名画家吴道子所作的壁画。这些无疑对好学的司马光都有极大的吸引力，所以司马光多次来这里寻幽访古。龙兴寺的古老文明在滋润着司马光的文化修养。

司马光在华州任职不到一年，他父亲司马池同州任满，改为杭州（今浙江省杭州市）知州。为了便于侍奉双亲，司马光辞去应该升迁的官职，请求到杭州附近的平江军，即苏州（今江苏省苏州市），去做一名判官。宋代的杭州是两浙路的路治所在，平江军隶属两浙路。很快，这一请求得到批准。

　　苏杭是江南水乡，这里风景优美，气候宜人，是个好地方。不过对在北方任职多年的司马池来说，初来乍到这里，无论是从生活到公务都很不方便，但对年轻的司马光却完全是另一回事。

　　这里的风光人情吸引着司马光，他很快地适应了这里的环境，又在这里结交了很多的朋友。其中有个青年叫李子仪的，与司马光很好，他们相互知心，多次来往于苏杭，领略着这里美丽的山光水色，领略着这里的风土人情。

司马光纪念馆

　　不久，李子仪考中进士，司马光赠诗祝贺。这时，国家发生了一件大事，即宋仁宗康定元年（1040年）宋朝与西夏战争又爆发，一时腐败无能的北宋，被西夏军队打得节节败退。在损兵折将的情况下，并没有挽救的好办法。北宋政府只好把战争的负担转嫁给百姓，因此千方百计地向百姓增收捐税，在京畿、京东、京西、淮南、陕西等路扩征战马，又在两浙地区征用弓手，一时百姓不堪其苦。

　　当时，司马池任杭州知州，对朝廷征用两浙路的弓弩手颇有疑义，就同儿子司马光商议，最后决定向朝廷上书，申明自己的意见。年轻的司马光替父亲司马池草写了奏折《论两浙不宜添征弓弩手状》。奏折诚恳，开明宗义，认为两浙一路与其他路情况不完全一样，因此这里不应添征弓弩手，理由首先是这里百姓一致认为添征弓弩手是仿效河北、陕西，名义是用弓弩手捕捉强盗，实际是准备用弓弩手改变为正规军队戍守边疆。也正因为这样，百姓一听说要添征弓弩手，就人心恐慌，纷纷躲避，有的逃往山林深处，有的斫伤身体。其次，两浙一带，长期没有发生过战争，百姓向来不知道士兵是什么样，这里盗贼也比北方少得很多。但是，现在百姓为了逃避当弓弩手，他们逃窜山林，最后铤而走险，这些人最后走上了盗贼道路，又与盐茶贩子勾结一起，来对抗政府，这样对国家非常不利。最后，有些地方官唯利是图，他们为了自己的利益，竟把国家法律和百姓意见置之不顾，希望地方多发生事端，以便借机大肆贪污受贿，大发横财。现在一说要添征弓弩手，他们认为大发横财机会已到，又都相互祝贺，跃跃欲试。虽然是朝廷一再严厉惩罚，州官也尽心查办，但是那些贪官宁可冒险。另外，这里的户籍混乱，谁家有多少财产和土地也掌握不准，因为根据财产和土地来摊派弓弩手负担，为此他们纷纷告状，贪官又看有机可乘，出来从中作祟。百姓还没有为国家出役之前，就先被贪官们勒索一番。附带说明，两浙百姓生性软弱，长于田亩，几百年来只知道好好种庄稼，让他们放弃种地那怎么可能呢？这里民风淳朴，由来已久，现在又强迫他们弄弓舞弩，容易引起他们产生疑心，引发祸患之端。这份奏折是很有说服力的，它对两浙地区情况，向朝廷实事求是，以事说理，以理服人。

仁宗康定元年（公元1040年），司马光的政治才华刚刚显示出来，一件不幸的事情降临：母亲聂氏猝然辞世。按照大宋礼制，司马光应当立即辞去官职，回家为母亲守孝，称为"丁内艰"。祸不单行。九月初九日，因为两浙路转运使江钧、张从革的弹劾，父亲司马池被降为虢州（今河南省灵宝市）知州。所列司马池罪名有二，

司马光手记

一为"决事不当"，就是决策失误；一为"稽留德音"，就是未及时转达皇帝以宽免为主要内容的诏书。不久，司马池调任晋州（今山西省临汾市尧都区）知州。仕途不顺，又遭妻丧，父亲的精神状态可以想见。

仁宗庆历元年（1041年）冬十一月，父亲司马池在晋州病逝，享年63岁。司马光继续为父亲守孝，称为"丁外艰"。后来，司马光和哥哥司马旦怀着十分悲痛的心情，把父亲和母亲的灵柩先后送回故乡夏县涑水乡，在宋仁宗庆历二年（1042年）八月，埋葬于涑水乡南原晁村的祖宗墓地中。司马光和哥哥司马旦都是孝子，他们兄弟俩在涑水乡守孝，完全按照守孝的礼义来规范自己，虔诚地执行着孝道。双亲相继亡故，这当然是人生

中最可悲哀的事情。司马光此时步入仕途仅一年，还没有报答父母的辛苦养育，然而已经永远没有了这种机会。此事遂成为司马光一生中最大的遗憾，平生一想起来，就心乱如麻。也正因为这样，直到很多年以后，司马光在回忆起父亲时还是非常难过，并在诗中悲痛地说："命奇不得报劬劳，半生念此心先乱。"

正当司马光年华旺盛的时期，他为父母双双守孝五年，这无疑对他在仕途进取中是一个巨大的损失，但是，同任何事物一样都有两重性，五年守孝也具有两重性。司马光在守孝的五年里，由于他善于学习，因此又进入了另一个纯净的研究学问的好环境，司马光阅读了很多史书，了解到很多涑水民情和社会情况，这为他以后更好地从事学术研究和从政奠定了一个比较坚实的基础。从这点讲，这五年里的收获也是很巨大的，并对司马光的终生也都是有着无法估量的补益。

司马光在守孝五年里，写了很多札记，这些札记每篇都很精彩，都凝聚着司马光的智慧和劳动。如《十哲论》就是一篇很出色的见地新颖的文章。文章认为孔夫子有弟子三千人，而能成为贤人的只有七十二人，唐朝至今在孔庙中又把这七十二贤人分成了等级，把颜回、闵子骞、冉有、仲弓、宰我、子贡、冉伯牛、子路、子由、子夏十位被配享在正殿，人们尊敬为十哲。至于七十二贤人中剩下的六十二人，地位都被列在西东两厢的配殿供奉。青年司马光对这传统的观点提出了质疑，他认为我们做学问应当尊重经典，不能自己闭门滥造，而七十二贤人有经可据，至于十哲并不见经书所说，而且孔子又亲自说过他的弟子中也不只是这十个人是贤人。既然是这样，十哲之说就很难成立。再者，就是十哲么。他们相互间也不完全一样，各自有各自的不同，各自有各自的优点，因此也很难说哪位是贤，或者说哪位不贤。用十贤或者说十哲来代表孔夫子的弟子，以此来让人们尊敬他们，纪念他们，非常不准确，也不全面。在这五年内，司马光又先后写过《四豪论》《贾生论》，这些札记也都通过史实的分析，提出新颖的见解，同样也闪烁着司马光的独到之处。

夏县是座历史悠久的古城，涑水乡又是个山幽水静的乡村，司马光在这里为父母守孝，亲眼看见这里农民状况。当时西夏不断向宋朝进攻，夏县正好临近西北前线。宋朝为了抗击西夏不断在这里征兵征粮，从而使这里百姓负担空前沉重。有的百姓为了逃避兵役、徭役和赋税，逃往他乡，因此出现了家空人无的情景。不只如此，地方的官吏更乘机向百姓勒索，这样使百姓更是雪上加霜。对这些情况，司马光看在眼里，并从内心产生了一种同情。与此同时，司马光在故乡守孝期间又接触了一些地方官吏，如当时夏县的知县孟翱，为人很好，为官清廉，给司马光留下很好的印象。孟翱对县内的吏卒要求很严，对当地百姓的生产、生活也比较关心，所以夏县在他的治理下，一时颇为安定。司马光与孟翱来往颇多，通过接触，司马光了解到夏县很多情况，这对他以后从政是有很大的益处的。司马光在涑水守孝，无论是从接触社会还是从政读经史，对他都是很有意义的，这对他以后担任朝官也都有着重大的影响。

司马光塑像

仕途生涯

　　司马光按制度服丧数年，于宋仁宗庆历四年（1044年）结束了五年的丁忧闲居生活，继续做官，庆历四年担任了武成军（即滑州，今河南浚县南）判官之职。武成军在宋代是地方武装的管理机构，本来就是不那么重要的部门，判官更是一个无足轻重的官职，平日也没有多少实际公务。不用说这对司马光来说自然是轻松得很的职务。次年改任宣德郎将做监主簿，监主簿也是抄抄写写的一些工作而已。也许是朝廷没有发现司马光这个人才，也许是因为司马光对地方官的不感兴趣，总之这几年他担任的工作都是闲职。

　　三年后，司马光被任命为韦城县（今河南滑县东）的县令。根据宋朝的官制品级，县令与判官和监主簿都是从八品，也就是说司马光担任县令，从品级来说是没有提升的。在担任县令期间，司马光工作热情高，政绩

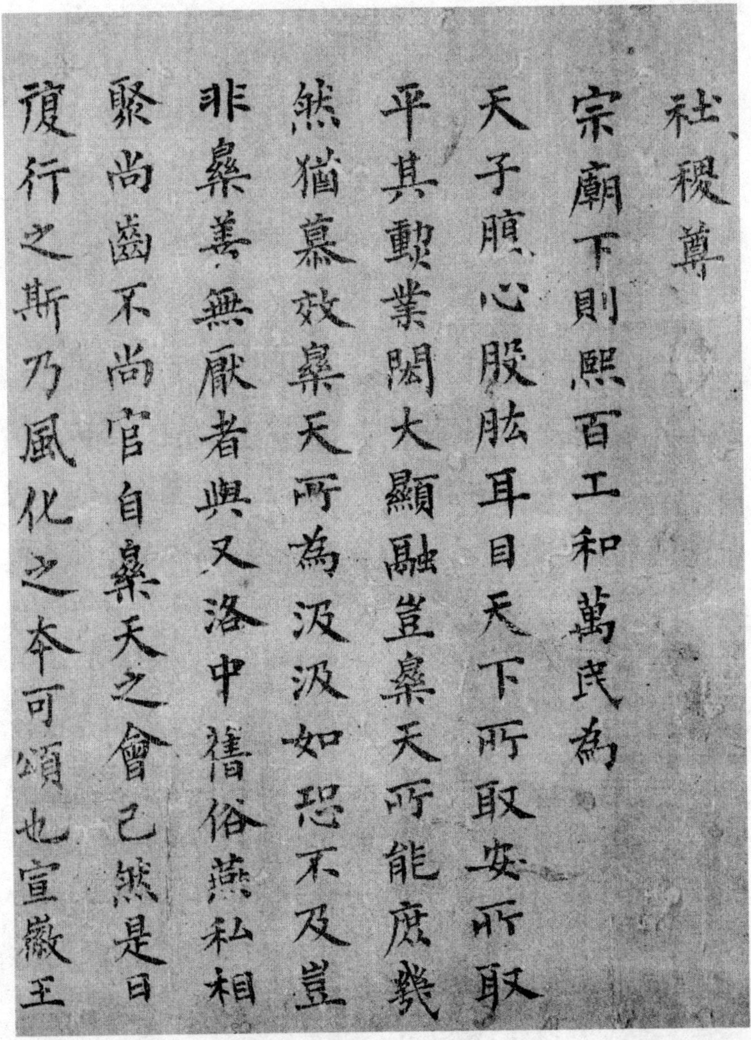

社稷尊

宗廟下則熙百工和萬民為

天子腹心股肱耳目天下所取安所取

平其勳業闊大顯融豈桌天所能庶幾

然猶慕效桌天而為汲汲如恐不及豈

非桌美無厭者與又洛中舊俗燕私相

聚尚齒不尚官自桌天之會己然是曰

復行之斯乃風化之本可頌也宣徽王

司马光作品

也比较突出，特别是表现更为成熟。因此司马光担任韦城县令期间，正是他显示出独立工作才华的开始。他为当地百姓还真真正正地做些好事，如帮助百姓克服旱灾，又亲自写《祈雨文》，祈求上天降雨，这在今天看来也许是荒唐，但在当时是实实在在地关心百姓的一件事。他还对不法的邑长加以惩处，使百姓民心大快，受到当地百姓的爱戴。在此期间，他还利用政务之暇读了许多典籍，写出了历史论文数十篇。自此以后，他更加热爱史学，集中精力研究历史，用他敏捷的才思评议历史人物和事件，意图从中探索历代统治者的治国得失之道。

司马光在韦城的生活是非常愉快的。在这里他结识了很多朋友，有时，在盛夏瓜香四溢的季节里，与朋友相聚一起，吃着瓜果，海阔天空地谈论着未来。司马光在一首诗中说：

滑台古镇揭高手，主人贤厚宾友嘉。

公庭退休射堂饮，水沈绿李满香瓜。

清谈妙谕闲诙谐，笑语往返何喧哗。

庆历五年（1045年），27岁的司马光被调到京城做官，改授为大理寺评事，补国子监直讲。同僚赶来为他送行，饮了不少的酒，也吟了很多的诗。很晚了，回首

望城楼，已没烟岚中。司马光吟出下列惆怅的句子，与
众人作别：

> 空府同来贤大夫，
> 短亭门外即长途。
> 不辞烂醉樽前倒，
> 明日此欢重得无？

不久，司马光又迁任大理寺丞，宋仁宗皇祐三年
（1051年）由他父亲生前好友、当时任宰相的庞籍推荐担
任了馆阁校勘并同知太常寺礼院。宋代以史馆、昭文馆、
集贤院为三馆，都在崇文院内，后又于院内建秘阁，三

馆、秘阁是国家藏书之所。馆阁校勘是负责编校图书典籍工作的职务，这对爱好经史的司马光来说，是一个很好的职务，为他借阅朝廷秘阁藏书提供了方便，对于他经史研究十分有利。

在这期间，他写了《古文孝经指解》，并约同馆阁僚友集体上疏请求把荀子和扬子的书加以考订印行，不致使先贤之经典湮没不传。在同知太常寺礼院的职事中，他对于维护封建礼法制度也很认真负责。

司马光在太常礼院时曾赶上贡举取士，宋仁宗为了显示自己皇恩浩荡，太平盛世，有一年一次就录取进士、出身、同出身共550名。另外对一些能够讲解经义的人，也准许应考。这样主考的任务自然就很重了，主考官是侍讲赵周翰，司马光被指派为点检官。点检官就是负责评判试卷工作。根据宋朝的考试制度，考试题目是讲解《春秋》和《礼记》的章名大义。司马光在评判试卷时，发现一张答卷写得最好，文字工整，引证名家注释全面准确，最后在此基础上又提出自己的观点，简单而明确。这位考生自然被录取了，他就是刘恕。这位青年才18岁，是筠州高安（今江西高安县）人。司马光对他佩服极了，后来两人相见交谈，非常情投意合，并结为朋友。这也是司马光工作中意外的收获吧。

宋仁宗皇祐五年（1053年），司马光又在庞籍的推荐下迁任殿中丞、除史馆检讨，他从此担任了史官的职务，在此期间，他更专心致志地研究史学，探求先贤治国之道，联系当时政治实际取得了很大成果。宋仁宗至和元年（1054年）以后，他与当时很有名的官僚学者欧阳修、王安石、范镇、宋敏等人有了很好的友谊，他们之间志趣相投，使司马光在学术和政治生活中得到很多教益。这时由于多次举荐他的庞籍失去相位，出任郓州（今山

司马光砸缸

东东平县）知州，司马光也被调离朝廷，做了庞籍的助手，出任郓州学典，再升任该州通判。

在郓州，司马光主要是负责州里的教育工作。州学里有一名叫王大临的学生，他通晓经籍有品行，司马光特别喜欢和器重他。后来，王大临因为口才好，善讲解，在州学里谋了个教师的差。父亲去世的时候，他专门跑去京城，请司马光为其作墓铭。司马光后来登上相位时，举荐王大临出任太学的学官，说："臣窃见郓州处士王大临，通经术，善讲说，安仁乐义，誉高乡曲，贫不易志，老不变节，向尝有诏敦遣，固辞不起。伏望圣慈，召致京师，真（音质，安置）之学官，为士类矜式。"看来，朝廷曾有征召，但王大临拒绝了。因为司马光的推荐，授任王大临太学录，可惜王大临不久就去世了。

司马光曾作《奉和始平公忆东平二首》，其一为：

> 相印东临汶水阳，两看春叶与秋霜。
> 登山置酒延邹湛，上马回鞭问葛强。
> 溪竹低垂寒滴翠，露荷相倚净交香。
> 宵衣深念长城固，肯得从容傲醉乡？

汶水自东向西蜿蜒流入郓州，东平在汶水以北，水

北为阳。从中可以看到司马光在郓州的两年，生活得相当惬意。

　　第二年冬，司马光又随庞籍去并州任通判。司马光在担任并州通判时，西夏人经常入侵这里，成为当地一大祸患。于是，司马光向上司庞籍建议说："修筑两个城堡来控制西夏人，然后招募百姓来此地耕种。"庞籍听从了他的建议，派郭恩去办理此事。但郭恩是一个莽汉，带领部队连夜过河，因为不注意设防，被敌人消灭。庞籍因为此事被罢免了，并对他的全部公文信件都收缴起来。庞籍这时已是古稀之年，又饱经风雨，所以他没有什么顾虑，但他非常担心事情牵涉司马光，影响司马光的前途。为此，庞籍把与司马光有关的公文和信件全部隐藏起来，把事件的责任全部揽在自己身上，主动承担了全部责任。

司马光心情很不平静，对庞籍遭受贬官深深不平。司马光为了澄清事件的真相，他便逢人就解释，甚至都说破了嘴唇，但是也没有作用。在解释失败后，司马光又决心以亲身参与者的身份向朝廷讲清事件真相，请求朝廷处分自己，以此来为庞籍分担过错。为此司马光先后向朝廷写了《论屈野河西修堡状》和《论屈野河西修堡第二状》，在上书中诚恳地请求朝廷处罚自己，不要只处罚庞籍，他明确表示"那样只处罚庞籍一人，他非常内疚，自己没办法平静，也没地方立足"。尽管司马光两次上书，但每次上书都如石投海，没有半点回音。在上

书无效后，他又亲自去中书枢秘院去面谈，到那里向官员们说明麟州事件的真相。他推心置腹，百般诚恳，但听的官员却都无动于衷，甚至有的官员也不理睬。想到那庞籍和武戡在边疆为了保卫边疆，与西夏展开斗争，为什么竟落得这样下场？现在司马光冷静下来，他细心地思考着麟州事件，他不禁地在问一位边疆大吏和带兵将领，难道在自己的管辖范围内，就连修筑两座碉堡的权力都没有吗？而他们修筑碉堡的目的又是为了什么呢？麟州事件的宝贵教训使司马光更加成熟，更加聪明了。

在并州期间，司马光感到自己官职卑小，不能在皇帝身边施展自己宏大的政治抱负，写了一首送友人的诗，其中说：

我今三十余，汩没无他奇。

正恐浮食人，敢言位犹卑。

　　司马光感到前途渺茫，不能为时所用。不禁感叹地在另一诗中说：

我年垂四十，安待无华欺？

所悲道业寡，汩没无他贤。

深惧岁月颓，宿心空弃捐。

　　然而，他平生所怀"忠君、利国、养民"之志，却时时不忘。

立 储

宋仁宗赵祯做了皇帝后，始终没有册立太子。据说宋仁宗曾有过三个儿子，因为都在很小的时候死去了，所以没有能册立太子。宋仁宗的儿子死了，他的年岁也在增长，到嘉祐年间，他已过中年并迈进老年，而且健康情况又显得一天不如一天。

嘉祐元年（公元1056年）正月初一日，仁宗御大庆殿接受朝贺。前一晚下大雪，仁宗在宫内赤脚祈祷，到次日晨天终于放晴。百官已就列，仁宗突感晕眩，牙关紧咬，冠冕歪斜。近侍忙用手抠开他的嘴巴，流了些口水，才稍好一些。正月初五日在紫宸殿宴请辽国使者，宰相文彦博到御榻前向仁宗祝酒，仁宗突然莫名其妙地问："不乐邪？"——不高兴？文彦博知道皇帝有病，怔在那里半天，不知道该怎么回答。正月初七日，诸大臣进宫询问病情，仁宗大叫着疯跑出来。此后仁宗的病情时有反复，直到正月二十二日，才痊愈。在这种情况下，无论是朝廷大臣还是仁宗自己，自然都觉得立储问题已经提到日程上来。

历史的教训向人们表明，有的皇朝因为立储问题解决得不好，常常酿成流血的悲剧，严重的时候也会导致江山转移，国家改姓。宋仁宗对这些自然也是非常了解的。当然，他是从内心里不希望把皇位传给其他人的后代，就是赵氏宗族的成员最好也不传给。宋仁宗非常想

宋仁宗画像

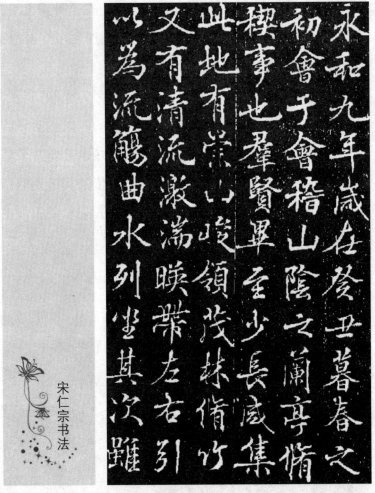

宋仁宗书法

传给自己的后代，因此迫切地希望他的嫔妃能给他生个皇太子。嫔妃们虽然也都为此焦急，但结果也都落空。宋仁宗在晚年期间，嫔妃们给他生了两个公主，小公主的出世似乎告诉宋仁宗生皇太子的希望已经不可能了。这样，无论是皇帝还是满朝的文武大臣对立储问题就更加迫切了。

当时，一般官员都怕惹怒皇帝，招来横祸，不敢进言。对这样的事，只有极个别不怕死的忠臣才敢出面进谏，当司马光知道此事，并得知自己在朝担任谏官的好友范镇已开始上疏请尽快立嗣，他也立即写了《请建储副或进用宗室第一状》，配合范镇力争早日建储。他在上疏中恳切地详陈利害，说明立嗣是"朝廷至大至急之务"。并在上疏中最后强调说："若失时不断，悔之无及。"不料此疏被置之不理，义无反顾的司马光竟不怕危险，又连上两疏，决心以丢官和效死来竭力议争。结果还是"杳然若投沙砾于沧海之中，莫有知其所终者"。朝廷仍然没有任何反应。司马光担心道路遥远，仁宗又深居九重，奏疏是不是在传送的过程中，被丢失或者丢弃了，根本就没有送达。于是又写信给好友范镇，附寄所上奏章的副本，希望范镇代为转致皇帝。至此，司马光不得已暂时沉默下来。

仁宗嘉祐六年（公元1061年），司马光以谏官的身份又给皇帝上了奏折再次提起：

臣还担任并州通判的时候，曾经三次上书，乞请陛下早日确定立储，以遏绝乱源。在当时，臣工作在外，犹不敢隐忠爱死，陈述关于社稷的大计。现在臣侍陛下于左右，官职已是谏官。一国最大最急的事情应当说是

立储为先。如果把这个问题放下不研究……那是臣怀有

私心而侍事陛下，真是罪不容于醢。因此伏望陛下听取

臣昔日所进的三状，少加省察，或有可取，乞盼圣志断

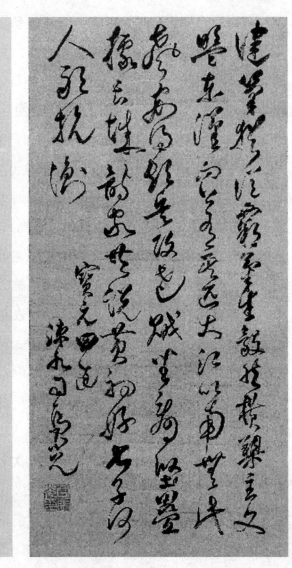

司马光手迹

决，早赐实行。

忠心不移的司马光上书后，还不放心，又拜见了皇帝。司马光向皇帝反复说明立储的必要。宋仁宗在司马光诚恳的劝说下，也和他说了心里话，"朕是准备从皇室中的子弟选择一个立为皇储，这是社稷的需要，也是忠臣的希望。只是最近又没有人提及，所以也就罢了"。

司马光见皇帝这样诚恳，自然是万分感激，因此把大家的想法也对皇帝说了。他说："我原来也害怕向皇帝陛下提及这件事，怕犯有死罪的危险，真没有想到陛下圣明，听取了这个意见。其他大臣也和我一样有这样的想法。"

宋仁宗听了后，又向司马光表示："其实提及这件事也没有什么不好的，古往今来立储这类事情不是很多吗?"

说完又让司马光把奏折送交中书省保存。司马光从接见中发现仁宗皇帝健康情况出人意料的不好，反应迟缓，语言含混。一听说让他把奏折送交中书省，深怕那里的大臣不亲自接到皇帝的诏令，就会不认真地办理这件事情，所以他便说："陛下，这样有些欠妥。臣恳请陛下能亲自向宰相说明为好。"

司马光拜见皇帝的消息很快在朝廷传开，当然人们也都关心司马光在拜见时与皇帝谈论些什么问题，有的

人也不免向他询问，不过司马光也不敢轻易流露，当时宰相韩琦凭着政治经验似乎猜出司马光与皇帝谈论的问题，但他也是既不敢问又不能说明，也只是相互心照不宣而已。

司马光从拜见皇帝后对立储这件事情信心很足，心情也很愉快，因为长期焦虑的问题现在总算有了眉目。不过事情常常是多变的，转眼司马光拜见皇帝已经过了快一个月了，皇帝签应立储的事情还没有一点消息，而中书省也没有半点动静。原来抱有乐观想法的司马光一时又焦急起来，而与司马光心照不宣的宰相韩琦呢，现在也有点稳不住了。韩琦又询问司马光，司马光又向皇

帝上了第二次书，在这次上书中司马光说："陛下，臣自上次拜见后，朝夕相盼等待陛下颁发德音，向大臣宣告立储。没想到现在已经过去一个月，也未听见任何消息。这难道说因为这件事情关系重大，慎重选择，在宗室没有理想人选，还是左右有人阻挠，干扰皇上？……"

皇帝看过后立即表示"下诏给中书省，立储已定。"皇帝下诏令的消息传开，司马光听后非常高兴。不过一向细心的司马光即刻想到宦官，他又怕宦官乘机搞鬼，所以很快去找韩琦商量，并对韩琦说："现在各位大臣应当赶快商定选出皇储的人选，不能耽误时间，不然，等到有那么一天，宦官们在宫内一夜之中传出所谓的圣旨，立某某为皇储，到那时可就晚了。而宦官所说的皇储究竟是真是假，又谁敢反对呢？"

其实，韩琦很早就盼望着这一时刻到来，当他知道仁宗皇帝下决心立储消息后，也是高兴异常，在高兴的同时又不由得对这位谏官司马光产生了由衷的敬佩，认为他这位谏官是尽职尽责，对皇帝忠心耿耿，国家有这样的大臣，将是江山永固；皇帝有这样的谏官，将是社稷永昌。几年来困惑朝廷的立储问题，在司马光的始终不渝地努力下，现在终于有了头绪，朝廷内外无不为之欢欣鼓舞。

在司马光上书立储前后，又有王洙、吕诲等大臣也都上书建议皇帝立储，一时朝廷内外掀起了建议立储的高潮。宰相韩琦是位很有远见的大臣，他很早就办了一所皇族学校，从皇族中挑选有培养前途的儿童来这里学习，培养他们的文化和才干。在这里有个小孩叫赵宗实，他品德很好，学习也很用功。宋仁宗也是很有远虑的皇帝，他身体健康情况不好，自从那年元旦在大庆殿中患病以来，就一直在考虑立储这件事情。

　　一天，宋仁宗接见了宰相韩琦，在谈过朝务后，他对韩琦说："朕最近也经常考虑立储这件事儿，而且考虑很久了，只是还没有理想的人选。"宋仁宗一边说一边看看周围的大臣，意思是让大家对皇族中子弟谈谈看法。不过，立储大事，向来都得由皇帝选定，大臣谁敢先开口呢？所以大臣们是你看看我，我看看你，谁也没有吱声。当然仁宗皇帝也不是心里没有数。几年过去了，又经过大臣们的强烈要求，现在仁宗也同意立储，那么立谁为皇储呢？原来宋仁宗早就看中了在皇族子弟学校学习的赵宗实。现在他已经是三十岁的成年人了。皇帝看中，大臣自然赞成，并立为皇储，又改名为赵曙。

　　赵宗实，他的父亲赵允让，在嘉祐四年（1059年）冬死去，现在正在守孝。赵宗实颇有阅历，任过秦州防御史、知宗寺正。现在立为皇储，群臣也一片称赞。不过赵曙也知道立储常常发生很多不测事件，因此他也很

担心，所以在宋仁宗诏令立储后，他也是又高兴又担心，一再拖延，拒不受诏。直到他守孝期满，也还推辞再三，理由是身体不好。

赵宗实虽然是皇帝下诏任命他为皇储，可是他还是顾虑重重，一再推辞。这种情况急坏了司马光，司马光害怕夜长梦多，中间再出现麻烦。因此，在赵宗实刚服丧期满，就迫不及待地上奏折，敦促赵宗实就职。

司马光在奏折中语言诚恳，语词委婉得体，他说："今天宗实特受皇帝陛下提拔，恩宠特殊，实在是光荣之至。他词语恳切，让人们敬佩，现在已经是十个月了，还未有接受诏令，他的贤良品德和超人的智慧，都为大家公认。由此更能说明陛下知人的圣明，所以天下人对此都非常欢喜呀。但是，陛下与宗实，是父子呀，又是君臣呀。父亲召唤，应当起立而回礼。君王召令，更不能让其等待。现在陛下两次派人去召他，他虽然不受圣恩，也应当入宫见面陈述，怎么能在家不出呢？臣很愚笨，但我还是希望陛下再派可靠的内臣，前去传示圣意，批评他不遵守礼法，使他不敢不来。如来了以后，陛下当面对他说明，让他知道陛下圣心真诚。这样发自诚恳，他应当不敢不接受呀。"

司马光在这里赞扬了皇帝的知人之明，又告诉皇帝应当往传圣意，责以礼法。同时指出出于诚恳，宗实也不敢不接受。很明显，司马光这封奏折是一个很好的建议。宋仁宗看后心里真是顿时开了天窗。在司马光等人的积极努力下，又过了几天，宋仁宗终于下了诏书，册立赵宗实为皇太子。

应当说司马光、韩琦长期盼望的立储终于有了头绪。不过事情总是复杂的，而且往往又是人们所预料不到的。虽然是皇帝下了册立皇太子的诏书，而赵宗实仍然是在接到诏书后称病，并坚持推辞。又过了二十多天，赵宗实也没有来宫晋见皇帝。这时的情况越来越复杂了，仁宗皇帝身体越来越不好，大臣们的心情更加焦虑起来，在这种情况下，司马光更是心急如焚，于是他又上书皇帝，并开诚布公地说："赵曙既然是陛下的儿子，就礼当尽儿子的义务，按照礼法朝夕来省视，不应当再待在外宅。"又进一步指出"应当明白，君父之命不可违，臣子之职不能决"，敦促他赶快入内。

　　嘉祐八年（1063年）三月二十九日，宋仁宗终于在福宁殿离开了人世，他活了54岁，做了四十多年皇帝，是宋朝做皇帝时间最长的一个。现在情况再也不许赵曙推辞了，四月一日，赵曙终于继承了皇位，这位皇帝就是后来人们称之为英宗皇帝。

　　司马光在仁宗立储和英宗继位的过程中，表现了他的非凡的能力，以及对大宋的无限忠诚，因此也获得了大家的崇敬和信任。实际上这时的司马光已经成为政治舞台上很有影响的大臣了。

皇帝与皇太后的矛盾

宋英宗即位了，皇太后曹氏是宋仁宗的皇后，宋英宗的名义母亲，但毕竟不是亲生母亲，在感情上自然不能融洽。英宗皇帝刚刚即位，根据古制的礼法，他要守孝三年，在这期间不问朝政。于是朝政暂时由皇太后垂帘听政，军国大事由宰相韩琦来主持。表面朝廷平静，但英宗与皇太后之间的矛盾潜在地发展着。

不久，皇太后出于更好地控制皇帝，又给英宗立了皇后高氏。这位皇后高氏的母亲是皇太后的胞妹，高后出生后就被皇太后在宫中收养，一直在皇太后身边成长，后来出宫又给英宗做妃子，赐封为京兆君，现在又经皇太后的策划册封为皇后，这样皇后与皇太后情如母女，这无疑对于加深皇太后与皇帝的感情非常有益。但英宗皇帝与皇太后间的隔阂由来已久，据说宋仁宗皇帝在世时所以迟迟不册立皇太子的原因就与皇太后有关。后来

宋仁宗的皇后

英宗做了皇太子，又继承了皇位。但英宗皇帝与皇太后的隔阂却没有解决。司马光当然也有所察觉，不过司马光的想法是尽力使这一隔阂不表面化，并随着时间的延长而会自消自解。但那是司马光的愿望，而英宗即位后一向心情不畅，并且身体健康也欠佳。一次与群臣共宴，由于群臣不断祝贺，英宗也心情激动，所以多饮几杯。

英宗在宴席上在群臣的祝贺声中，心情真为大家的祝贺而激动，同时也对昔日作梗者而不满。他一时似醉而又不醉，说了不少昔日人们不知道的事情，当然也涉及他与皇太后的矛盾。又在言外流露出对皇太后的不快，尤其是对宦官更是愤慨不已。这一席醉话，顿时引起群臣的惊愕。

对于皇帝与皇太后的矛盾公开，司马光保持着镇静，并向朝廷建议对外绝对保密，尤其是对西夏和辽国，关于皇帝与皇太后的矛盾绝对一字不提，并告诉皇帝和皇太后，此事关系江山大计。不久，司马光又给皇太后上

宋英宗高皇后像

奏折，在里面论述了当前形势，同时又讲了当前的任务。当时的形势是危如累卵，而我们的任务是只有君臣同心，内外合力。

后来司马光又对皇太后做工作，他用宋仁宗即位之初，当时的章献明肃皇太后是怎样支持皇帝并为保卫赵宋江山而有功

于世，用这件史实启发曹太后，并深切地指出："现在是赵氏安，天下的百姓都安。而且对于曹氏呢，也是世世永享富贵。"司马光的话语重情深，情真意切。司马光在做完皇太后的工作后，又接着做皇帝的工作。司马光又给皇帝上书，告诉皇帝陛下思念前朝，欲报之德，应当孝敬皇太后，关心诸公主。又说应当加圣心，不分白天黑夜，慎重如一，这样才能团结众人。后来因为情况的变化，皇帝、皇太后都互不让步，司马光又上书，这封上书中语言真切、如血如泣：

惟臣听说舍堤千里，溃于蚁壤。白璧之瑕，易离难合，说社稷之重，也不是舍堤所能比拟的。骨肉之亲，也不是白璧所能比拟的。主要是在于固守要真正坚决，把握也要牢靠，使完美无间，这样才能福禄无疆呀。

司马光在劝说皇帝和皇太后懂得：离易难合，为了福禄无疆应当是"守之至谨，执之至固"，并警告皇帝和皇太后，那些奸邪之徒，专窥上意。"苟有衅隙，则而乘之。"司马光为了皇帝英宗与皇太后曹氏之间的关系不再恶化，真是绞尽脑汁，用尽心血。

司马光又给英宗皇帝和皇太后同时上书，一方面对皇太后说，英宗皇帝对皇太后是孝敬仁谨，严格遵守礼法，现在有时失礼，完全是出于有病的原因，恭请皇太后不应责怪他。另一方面对英宗皇帝说，仁宗皇帝与曹

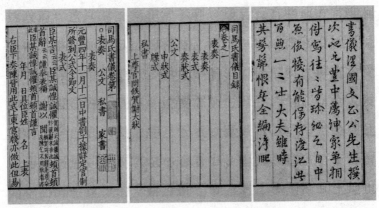

太后的仁德崇高，应当报答，为此也应当孝敬皇太后，关心爱护各位公主。

司马光为此真是千方百计。他为了能改变英宗皇帝对皇太后的态度，缓和皇帝和皇太后的矛盾，又建议把一度停止的经筵又恢复起来。司马光恢复经筵的目的，是想利用经筵的机会，请侍讲官在给皇帝讲解经史时，劝诫英宗皇帝。司马光为此又聘请吕公著讲解《论语》，请刘敞讲解《史记》。当然这两位侍讲官也很理解司马光的用意，他们在讲经史时，都是以古喻今，大讲特讲为孝之道是为人之本，孝仁不能分开，仁德又是为君之大道，并借题发挥，引经据史，使英宗皇帝听后深有醒悟，并喜形于色，知道这两位侍讲官是在向他讽喻。又表示恢复对皇太后的早晚请安。皇帝这一主动的实际行动，对改变与皇太后的紧张关系，实在是非常重要。司马光知道后心里高兴得无法形容，满朝大臣知道后都心花怒放。皇太后知道后也很高兴，并很快决定还政于英宗皇帝，不再垂帘听政。

这年四月，春光融融，英宗皇帝亲政了，皇太后与皇帝的紧张关系和解了，这是英宗治平元年（1064年），皇帝和皇太后的矛盾和解，这里倾注了司马光的无数心血，当然这里也还有其他大臣们的努力。皇帝和皇太后的矛盾和解，在当时确是国家的好事，从一定意义上讲，对百姓也是件好事。

司马光看到皇帝和皇太后的矛盾缓解了，心里非常高兴，不过接踵而来的是怎样巩固这样的好成果，不使再出现逆转。为此，司马光又给皇帝、皇太后上书，在这封上书中，司马光再次不厌其烦地向他们讲述皇帝没有皇太后就不能以国君来管理天下，而皇太后没有皇帝，更没办法使天下安定，皇帝与皇太后犹如头目和心腹，密不可分。同时指出挑拨是非的罪魁是宦官头子任守忠。司马光给他列出十条罪状，请求英宗皇帝给他治罪。当然，司马光为了事情稳妥，使皇太后也能了解宦官头子任守忠罪过，又建议英宗皇帝亲自去拜见皇太后，说明任守忠的罪过，征得皇太后的同意。与此同时，弹劾任守忠罪行的奏折纷纷投向皇帝，最终于英宗治平元年（1064年）八月，把任守忠赶出宫廷，发配到蕲州（今湖北蕲县），不久死在那里。

司马光手迹

　　司马光为了根除宦官在宫中拨弄是非，又向皇帝上书《言内侍差遣上殿子》，在里面向皇帝建议把宫中大权夺到自己手中，任用宫中官吏，皇帝应当亲自挑选，亲自考察，观看他的办事能力以及忠诚的品质，然后再根据情况给予奖赏和提拔，对那些奸邪之徒，应当及时地予以贬退。司马光的建议在当时是很及时的，也是很重要的，对扭转和根除宦官在宫中为非作歹是非常有利的。

英宗皇帝在把持朝政后，对皇太后使用物品加以严格限制。司马光对此非常担心，因此给皇帝上书，指出皇帝这样做容易损伤慈母的心，这件事情虽然不大，但关系颇大，建议英宗皇帝应当取消限制。

司马光为了皇帝与皇太后的关系融洽，一面劝说皇帝，一面又劝说皇太后。他在上皇太后书中，劝说皇太后在对待皇帝和皇后千万不要因为一时不高兴而含怨好久，对皇帝也不要要求过严，更不要对待皇帝过于简略。皇帝和群臣在拜见皇太后时，皇太后不应有冷淡的表示，应当让他坐下，对他们如同亲人，多谈些心里话，多坐一会，这样能使他们的感情融洽，也能使皇帝皇后在去拜见时心情坦然、亲切。

司马光又劝说皇帝，皇太后不敢做的事情，英宗皇帝也不要去做，以免引起皇太后的不高兴。皇帝大概也是出于好意，让朝廷给皇太后的弟弟曹佾增加职务，皇太后知道后大概也是出于好意再三表示不同意，因此两方又出现分歧。司马光又心情焦虑，赶紧给皇帝和皇太后上书，对皇太后说明皇帝是想对皇太后的娘家实行特殊的加恩政策，对此皇太后应当理解。同时，司马光又

对皇帝说，皇太后既然坚持拒绝，也是出于对外亲的限制，也是防止以后一开先例不好收拾，完全是一片好意。

司马光又建议皇帝就这件事情向朝廷宣布，皇太后的旨意应当遵命，不敢不服从，这样可以向大家表示出人子恭孝之心，又向大家说明皇帝在亲政后对皇后的亲戚也是很关心的。皇帝和皇太后原来是有裂痕的，经过司马光的多方努力，裂痕已经弥合。但司马光又以非常关切的心情来防止新的裂痕出现，在每当要出现新的裂痕时，司马光不仅能及时发现，并及时采取有效办法来弥合，使皇帝和皇太后这一恢复好的关系得到精心保护，不受意外的损坏。司马光这位忠心耿耿的重臣，确实发挥了名副其实的重臣作用。

濮议之争

　　"濮议之争"就是关于濮王的称谓争议。濮王赵允让，是仁宗的亲弟弟，他在仁宗嘉祐四年（1059年）冬天死去，后来追封为濮王。英宗皇帝是以过继的儿子而即位的，他的名誉父亲当然是宋仁宗，但他的亲生父亲是濮王赵允让。

　　现在英宗做了皇帝，对亲生父亲当然不能置之不管，尤其是在祭祀时怎样称谓呢？如称父亲又有宋仁宗，称叔父又有违孝道，因此对这个问题展开了讨论。在讨论中大致分成两派，一派是执政派，这主要是以宰相韩琦为代表；又一派是台谏派，这主要代表是司马光。执政派和台谏派争议非常激烈，相互谁也不肯让步，又都引经据史，有理有据，应当说争议得非常精彩。在宋代封建礼法很严格的时代，这种称呼当然是一个关系重大的问题。

　　台谏派代表人物除司马光以外，还有翰林学士王圭、侍御史吕海、范纯仁、监察御史吕大防、赵鼎、赵瞻、付尧俞等。他们主张英宗已经过继给仁宗皇帝，就应当称仁宗为父亲，这是天经地义的。至于濮王当然也不能称为父亲，而应当称为叔父。执政派除宰相韩琦外，还有参直政事欧阳修、曾公亮、赵概等，都是当朝颇有权势的人物，他们反对台谏派的意见，认为台谏派的意见不合礼法，也不符孝道，英宗的父亲就是濮王，因此对濮王只能称为父亲。

　　关于对濮王称呼的争论最早发现者应当是司马光，那还是在英宗刚刚即位不到一个月的时候，司马光在《上皇帝书》中，就英宗皇帝以后如何加强自己修养时说，应当学习汉宣帝、光武帝不为亲生父亲加尊号，而

不要学习汉衰帝、汉安帝、汉桓帝及汉灵帝那样，他们都是出自庶支，过继后做了皇帝，然后又给亲生父亲大加尊号，这样既不符合国家大礼，也有违孝道。

　　不久，宰相韩琦又上奏折，说应当下令有司给濮王及谯国太夫人王氏、襄国大夫人韩氏、仙游县君任氏合行典礼。英宗皇帝对亲生父亲还是有感情的，所以也有所考虑，不过发现满朝大臣对这个问题的意见都很大，一时也很难统一，所以他表示了折中意见，不必要马上讨论这个问题，等段时间再议。

　　为了不让满朝大臣搅在里面，英宗皇帝后来下诏说在礼官和侍制以上的大臣们中进行讨论。在讨论开始时，翰林学士王圭还有顾虑，大家是相互观望，都不肯首先发言。只有司马光毫不顾虑地"奋笔立议"，明确发表自

宋英宗画像

己的意见。真是一呼百应，司马光意见说出后，台谏派都一致响应，一时形势很有起色。

执政派知道后，认为台谏派意见含混，也没有认真对待，只是欧阳修表了态，认为英宗皇帝在为濮王守孝时，孝服已经降了一格，守孝期满应当对亲生父亲还是称呼父亲。英宗皇帝也同意了欧阳修的意见。由于皇帝表态，韩琦、欧阳修等人以为争论获胜，不料台谏派意见又掀起反驳高潮，尤其是又有皇太后的支持，一时台谏派在争论中又获胜。

英宗皇帝本来有倾向意见，但由于皇太后表态，他也只好保持沉默了，并下诏暂时停止争论。又隔段时间，英宗治平三年（1066年）春，濮议之争再次发起，这时执政派已经发现全凭引经据史的争论，是难以取胜的。于是他们又想方设法去争取皇太后的支持。

此时执政派又派人与宦官苏利涉去与皇太后疏通，使皇太后下诏。由于皇太后的态度改变，台谏派在争论中又处于失势的不利地位。台谏的代表人物司马光并没有因为形势不利而沉默，相反他更是坚决坚持自己的意见，并上书给皇帝，对皇帝说"遇国家大有得失，不敢不言"，司马光的襟怀坦白实在令人敬佩。不过在濮议争论中，台谏派失利，代表人物相继被贬，如吕诲、范纯仁、吕大防、赵鼎、赵瞻、付尧俞等，只有司马光例外。不过司马光对此一面向朝廷再次申明自己观点，另一面也请求朝廷给自己以处分。他表示自己是："入则愧朝廷之士，出则愧道路之人，孑然一身，惜之无地，虽知违天威，负罪愈重，岂敢重复朝参供职耶？"请求处分，在家待罪。

司马光的光明磊落很受大臣们的敬佩，英宗皇帝也很知道司马光的人品，为此又派宦官把司马光请到迩英阁，好言劝慰一番，"乞其供职"。

这场濮议之争是一场大的政治风波，司马光在这场风波中本来是一派的代表人物，但他很幸运没有被处分，这里有正直人品的关系，但最主要的原因还是因为他在宋仁宗册立皇储中的作用，还有英宗即位后在维护皇帝

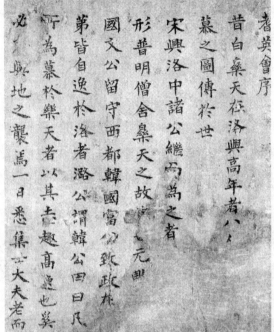

司马光手迹

和皇太后的团结中的作用，所以英宗袒护了他。

英宗袒护了司马光，但司马光还是仗义执言，勇敢地承担自己的责任，表现出那种坦荡的襟怀，因此司马光虽然没有受到处分，但同僚们对他的品德却更加崇敬。这场濮议之争，根本没法说哪派正确，或者哪派错误。双方在争议中都是引用众多的儒家经典，又都依据古代很多的史实，用雄辩的论述，指出问题的严肃。争论双方都很博学，又都很认真，但无论是对社会还是对皇帝应当说都没有多大的实际意义，不过，对于争论者来说胜败却实在重要。后来的史实也说明了这点，当然司马光好像没有意识到这点，而欧阳修似乎早就意识到这一点，所以他们又活动宦官拉拢皇太后出来支持他们，从而取得了这场争论的胜利。

政治主张

　　司马光非常关心国家的兴衰，深感到国家积弊太多，国弱民穷的状况应当尽快予以改变，因此，他倡导改良，而且是全面的改革。

　　北宋中期国家经济陷入困境，除了巨大的军队开支外，还有庞大的行政开支，加上连年的水旱灾，使政府的经济运转更加困难。怎么能解决国家的经济困难，使国家的经济恢复正常运转，已成为当时朝廷的头等大事了。

　　司马光对此也非常关心，他日夜思索，向皇帝提出很多建议，对国家重大的经济问题提出重要建议。如《劝农子》《论财利疏》《言蓄积子》《言钱粮上殿子》等。司马光在经济改良中，针对当时的经济困难情况，以及财政的不足，提出了以蓄积为中心的经济改良方案。他开诚布公地提出"圣贤之治，全都是以岁月来积蓄然后才能见效",并反对"上下偷安,不为远谋,认为这是国家的最大的祸患"。又指出"国家如果没有三年积蓄,那样说是国家,实际已经不是国家了"。他认为当务之急是国家应当认识到积蓄的重要,应当有积蓄意识,不能那样没有长远打算,今年有粮今年吃,明年没粮明年再说。司马光很严肃地向皇帝指出:"国家最近以来,无论是官府还是百姓都很不重视积蓄,官府的仓廪大都没有三年的积蓄,而乡村的农民很少有半年的积蓄。这样要是遇到稍有水旱灾情,就会出现国家和个人都没有半点粮食,也没有办法相救济,这是多么危险的情况呀。等遇到丰收的年份,国家上下又都忘记了没粮的情景,这就是目前最严重的弊病。"在这里司马光极其深刻地指出积蓄的重要性,同时又指出没有积蓄,一味苟安的危险性。为了扭转这种局面,司马光从官吏任用、国家财源上,还有政府的支出等三方面提出意见。

司马光认为国家任用官吏应当随才用人,而且要保持官吏的队伍稳定。司马光的一贯思想是认为国家的强盛与衰弱,关键在选择用人,而不在立法,有时法律完好无缺,但由于官吏素质不好,所以也出现很多问题,司马光这种重视官吏素质、重视人才的作用,在当时是非常可贵的。也正因为这样,他特别重视官吏的选择和

司馬太師溫國文正公傳家集卷第一

古賦

交趾獻奇獸賦　嘉祐三年八月上

皇帝御天下三十有六載化洽於神通無
不協御天下三十有六載化洽於神通無
不臻粤有交趾來獻麟麟其為狀也熊頸
而烏噣辭省而牛身犀則無角象而有鱗其刀甚武
其心則馴剔蓋退方異氣之産故圓謀廉靡得而詢衿是
降韜車之使發脅骨膝之民除塗於林藪之隙引舟於
江淮之濱時月而涉吕兒熙後号入覲乎中袤與
夫雕題卉服之士南金象齒之珍影紫閶而金入克

菜升白玉嘗薦以黄金盤顔若南陽守永袄君子年

蘠

醫者非無心園夫自臨課教稹日蕡滋芬芳時八座
青葱春茹糶彼潔荚菫正苦郊中人逸唱高離和

病竹

園竹久不治蕪涅真可甲荳無枯橋容蕭踠自珠調
至人愛高節命谷除蘀之何用報至周清陰與長嘯

謝興宗惠草蟲扇

吳僧畫圖翁戲綴戎微蟲秋墨宛貝獨竊天地功
細若及珠臝大若螳蜾祜枝權宪螅黄鼻祜雝蜂
兒曹取真意細枝無不同恐其逸躍去坐驟藏箱中
乃知蟄無小意桔神可通不與誤圓蠅紙或縈縣翁
子猷狀蟬雀藏實傳江東不知古何如此畫今為雄
人墓本已狀其徒頴紙工牆法存百一要足起兄庸
友人妻為賜玩何陰玩之不替手愛重心無窮

當如對君子穆：來清風

司馬太師溫國文正公傳家集卷第二

考核，他主张对各级官吏应当经常考核，形成制度，使官吏的业绩好坏、与品级升降紧密联系在一起，对官吏，尤其是业务精通的官吏更应当让他们发挥自己的长处，使他们稳定下来，这样对政府有利，对官吏也有益处。

在国家的财源上，司马光认为国家财派对国家的经济是非常重要的，因此对国家财源应当注意保养，使其能得到恢复和发展。只有这样财力才能滋长，国家经济才能好转。在保养的同时，国家还应当"徐取"，所说的"徐取"，司马光的意思就是应当慢取和少取，反对过去那种暴取和全取。

司马光的"徐取"多少也有一定的计划的意思，也就是对国家的经济收入经过保养得到发展后，在用的时候要有计划，切不应一下子全部用尽。司马光提出的

"徐取"，不只是官吏从国库要"徐取"，而国家向农民征收也应当"徐取"。他非常反对国家向农民横征暴敛。他指出：现在的有司，自称是善于治财和理财，我也见过，他们是不管农民死活，而把大量粮食搜集在仓廪中。他们使市场商人一点利也没有，而都收集在自己的官府里，他们把手工业工人的麻布和米面收集在官府，堆积如丘，而不让他们很好做工。这样虽然是官府得到一点钱而实际花费出巨大的代价，也等于是没有持刀的强盗；对皇上是奸巧，写在簿书上来欺骗。有司实际是借工作之名来向百姓搜刮，使农民没法生产，手工业者没法做工，商人也没法经商，结果都弄得穷困破产。

司马光认为当时的农民，国家征收的话也只能在十分之二三以内，不能超过，如果超过的话，农民没办法生产了。可是有司们的征收都达到十分之七八了，农民还怎样生活下去呢？这样的情况表面是国府有很多的财物，而实际也是很空虚的。司马光认为为了改变这种状况，在当时的当务之急应当改革差役。当时的差役制度负担非常繁重，特别是农村的三等户以上的农民，他们的差役负担使他们喘不过气来。在差役中最使农民伤脑筋的是衙前役。

衙前役就是运送官物，保管官物，如果一旦发生损坏，还要负责赔偿官物。这项差役弄得农民不堪其苦，

有的运气不好，甚至倾家荡产。因此司马光主张改为募役，这样能使广大农民敢于富起来，农民富起来国家自然也就富起来。所以司马光的差役改革也是对国对民都有好处的。至于手工业者，司马光主张他们应该做到产品越来越精巧，这样才能满足社会的消费者需要。当然，司马光对工匠们生产华靡的产品是反对的。对商人，司马光依然是持传统观点，主张给商人有利可图，不能使商人无利可得，不能把商人限制过严过死。司马光对国家的经济来源很注重保养，而且强调在保养的基础上，再采取"徐取"的开支办法，这样才能从根本上扭转国家的经济不好状况。

在国家开支方面，司马光认为应当减损浮冗而省用的办法。司马光说，北宋初年，太祖创业可以说是基业刚定，艰难万分，但国家财用还可以足用，而且又稍有节余。到了北宋中期，事业有了较大的发展，国家经济也有了很大发展，国家的财政应当有所节余，但事实是反倒不足。这样反常的现象出现的原因在哪里呢？他认为最主要原因是北宋初年，宋太祖倡导朴素，全国风行节俭，而到了北宋中期，大肆浪费，盛行奢华。

这主要表现在皇帝身边的人员浪费巨大，这些人依仗权势，奢侈无度，而且又是月异而岁殊，这些全由国库开支，皇帝对此不加限制，大臣对此不但不敢提出批评，相反赞扬，以此来向皇帝讨好。宦官们掌管内库，国家对内库的收入支出完全不清，而宦官借机作弊。由此社会也兴起浪费奢侈风气，对过去的俭朴反而讥笑。

地方官吏也借浪费奢侈风气，向百姓大肆搜刮，鱼肉百姓，把老百姓财产搜刮殆尽。官吏们不只是浪费奢侈，还不忠于职守、并营私舞弊。此外国家出现了冗官、冗兵，严重浪费国家的金钱。官员没有定数，一官职可以多至数人。官员的俸禄也没有定数，而且可以任意增加。兵更是多得不得了，虽然不能打仗，国家也得白白养活。

这些巨大的浪费，使国家经济陷入困境，追其根源全在皇帝本身。司马光针对这种情况提出了解决的办法，他认为关键是"深自抑损，先由近始"。也就是反对浪费，提倡节俭，首先要由皇帝做起，皇帝做好反浪费厉行节俭，然后是皇帝身边人员，再有就是内臣外戚，严格遵守规定，不准违反。在当时皇帝至高无上，司马光敢于提出反对浪费从皇帝开始，对内臣和官吏违反规定加以严处，实在是可贵。就此来说司马光的建议很有其政治意义。

司马光还提出把国家对金帛钱谷的管理由以前的三司负责而改为由宰相负责管理。为了使这种意见得到大臣们的同意，司马光还引用《周礼》为根据，说自古以

来金帛钱谷之事都是由宰相负责。而且在宋朝建国之初，
金帛钱谷也是由宰相来管理。食货，是国家的大政，说
这不是宰相管理的事情，那完全是错误的。应当说司马
光这样重视国家的财经管理，在当时是非常高明的主张，
也是一项伟大的举措。因为很多大臣都认为"金帛钱谷"
是不重要的事情，对于国家重要的是论道经邦，明理天
时。但司马光却不是这样认为，他认为只有国库的虚实，
才关系到国家的强弱，只有国家的强弱才关系到百姓的
生活安定与否。如国家经济困难，国家陷入穷弱，百姓

生活陷入饥苦，在那里还谈论什么经邦治国的空话，又有什么用途呢？

司马光对社会风俗也非常重视，他认为社会风俗的好与不好，也可以表明国家的好与不好。宋朝建国初，社会风俗很好，那时，从官府到百姓风俗俭朴，并有着一种向上的力量，后来随着时间的推移，那种可贵的俭朴风俗已经不见了，相反是奢华之风到处都是，特别是官府简直奢华得不得了。官吏们更是比奢华，不管大小官吏，他们相互间比奢华，似乎谁奢华谁就有本领。司马光对此极端反对，尤其是他看出奢华消极了人们向上的意志。司马光不仅自己反对奢侈，厉行俭朴，而且对儿子也要求俭朴。

司马光的妻子死后，家里没有钱办丧事，儿子司马康和亲戚主张借些钱，把丧事办得排场一点，司马光不同意，并且教训儿子处世立身应以节俭为贵，不能动不动就借贷。最后，他还是把自己的一块地典当出去，才草草办了丧事。这就是民间流传的司马光"典地葬妻"的故事。难能可贵的是，司马光不仅自己以俭养德，而且深深地影响着他身边的家人，尤其是他的独子司马康。一篇《训俭示康》，言之谆谆。按史载云，司马康"途之人观其容止，虽不识皆知为司马氏子也"。

他在《训俭示康》中说：

　　"对于一个人来说，他的品德如何，全是由俭朴而来的。我们所说的俭朴，就是要寡欲。君子寡欲，就是不至于被物质所驱使，而且可忠诚于人的道德。百姓要寡欲，那就能够谨身节用，并且会永远不犯罪，家庭美满。正因为这样，所以我们说俭朴是道德的基础。我们必须重视俭朴，又必须倡导俭朴。要知道奢侈多欲，有地位的如果多贪欲，一贪欲就羡慕富贵，这样容易不走正道，因此招致祸端。百姓如果多欲，一多贪欲就好追求盲目羡慕别人的所用，因此容易不顾自己的身体和家庭。这样如果做官的话，就要进行贿赂。如果是平民就要走上做贼为盗。所以我说：'奢侈，是万恶之大源呀。'"

　　司马光把俭朴和奢侈对人的利害说得再明白不过了，同时他也指出，对任何人都是这样，无论是有地位的人和百姓，都应当倡导俭朴，反对奢华。司马光又告诉人们：从俭朴发展成奢侈是很容易的，反过来由奢侈发展为俭朴，那是非常困难的。因此人们都应当珍爱俭朴，厉行俭朴，"谨身节用，远罪丰家"。

　　司马光认为俭朴不只是一般人的事情，皇帝也应当俭朴，皇帝崇尚俭朴，厉戒奢侈，怎样更是重要，甚至可以说是影响到国家的兴亡。为了能让皇帝崇尚俭朴力戒奢华，还在英宗皇帝即位不久，他在《进〈稽古录〉表》中，就表明人君应当警惕"弃礼纵欲"，"荒淫无厌"，并把这种恶习说成是亡国的大祸。司马光崇尚俭朴的思想是他思想中的重要组成部分，贯穿在他的一举一动和一言一行中。他曾批评过萧何在西汉初年，为汉高祖刘邦修建未央宫，极其华丽辉煌，是违背当时的时务。又对唐玄宗晚年骄逸、沉陷在与杨贵妃的宴舞之中进行指责，并指出由此可见，作为皇帝崇尚奢侈华靡，终日无度，最后终要招来祸殃。

司马光在对皇帝崇尚节俭、宴饮有度方面，主要是对宋仁宗的进谏。宋仁宗嘉祐六年（1061年）八月，苏辙在贤良方正直言极谏中做策论，言及皇帝宴饮失节沉溺后宫。接着司马光又与其他谏官一同上奏折《论宴饮状》，在这里司马光直接批评了宋仁宗皇帝久居后宫宴饮终天，以及赏赐滥溢，恳请皇帝改正。希望皇帝以后停止宴饮，以便安神养气。进入后宫，安排有度，对左右内臣赏赐有数。由于这次上书宴饮有苏辙和司马光，宋仁宗很重视能直言相谏，所以他接受了。

司马光反对奢华进谏也不是都被皇帝采纳的，有时也遭到皇帝的拒绝。宋仁宗嘉祐七年（1062年），春季无雨，大旱成灾，大臣对这种情况都没有重视。后来旱灾越来越严重，百姓流离他乡。但有的大臣为了取得皇帝和后妃的欢心，在大灾之年，准备一次大规模的庆祝元宵晚会。根据大臣的建议庆祝要举行三天，从正月十三、

十四到十五晚上。

前两天皇帝带领宫妃到各大寺院去春游拜佛，十五晚上在宣德门前举行大规模灯火晚会，还演出各种文艺节目，其中有精彩的女子相扑，可能这是世界上最早的女子体育节目了。司马光知道后立即上书表示反对。就在春游的前一天，他满怀激动写了《论上元游春子》，向皇帝进谏。

司马光首先指出皇帝带领后妃庆祝的上元节观灯，本来不是国家典礼，而现在全国多处遭受旱灾，很多百姓流离失所，在这种情况下，作为一国之君应当减少游观活动，以此来表示关心和爱抚百姓。不应当把上元节观灯规模弄得胜过太平时节，这样容易引起百姓不满，也难免官吏议论和效仿。没想到司马光的诚恳进谏，丝毫作用没起，宋仁宗照样带领皇后贵妃兴高采烈地观看寺院，游春拜佛，并把这次活动说成是与民同乐，不止是皇帝一人春游和观赏，这也等于是对司马光《论上元游春子》的批驳。

正月十五日晚上，宣德门外灯火辉煌，街道上人流如潮。宋仁宗带领皇后妃子还有大臣登上城楼，兴致勃勃地坐在那里观赏灯火。片刻，万紫千红的灯火展现眼前，宋仁宗也看得眼花缭乱。尤其当看见女子相扑相互厮打时，气氛紧张而又扣人心弦，此时此景的宋仁宗更是看得出

神，不时又开心大笑，又赏赐给表演者很多银绢。

　　司马光此时也在场。他目睹宋仁宗的情景，又看见女子相扑，认为非常有伤风化，心中非常不悦，虽然是当时百般克制，但散会又即刻上书皇上，批评皇帝

观看女子相扑是有伤风化，对于国家和人民都很不利，又大声呼吁请求皇帝下诏有司严加禁止，今后"妇女不得在街头以此招徕众人为戏"。司马光对皇帝的奢华之风是丝毫不放松，同时批评时也毫不客气，这里充分表现出他的彻底进谏精神，更看出他对俭朴的崇尚是真心实意的。

宋英宗刚刚即位，他为收买人心，便把宋仁宗皇帝的遗物挑选一些不太珍贵而又有代表意义的，普遍赠送给宫中、两府的近臣和将领。这次赠送非常广泛，就连在家守孝的富弼、文彦博，还有吕大、付尧俞等也都赏赐一份。司马光也领得一份，不过他并没因为自己获得好处而随波逐流，相反照样反对英宗皇帝的赠送，并给英宗皇帝上书《言遗赐子》。

司马光在奏折中说："现在国家用度紧张，又遭到大丧不幸，历代所积蓄已经快要用光。据说外边的州军、官库也没有有钱的地方，甚至已经出现了借钱向士兵发银饷，这样下去最后怎么办呢？正在这样困难的情况下，群臣怎能有心思接受皇帝赠赐的厚礼呢？"并且又进一步指出："将来给宋仁宗修建陵墓，所需要的各种物资，现在全部没有准备。国家办公，又需要很多的钱，如果万一又遭水旱灾，我们怎么办呢？如果再向百姓征敛，而老百姓已经很困难，又拿什么来交付呢？"

司马光就这样，为国家为皇帝，从常年想到灾年，由平时想到战时，真是尽心竭力，为国家为皇帝忠贞不渝。司马光又带头建议把所得的赠赐珠宝，献给谏院公使，金银也捐给贫困亲戚，自己家里不留这次皇帝赠送的钱。虽然司马光积极进谏，但宋英宗并没有接受，理由是真宗皇帝死去时，仁宗皇帝即位后也曾把真宗的部分遗物赏赐给群臣。当然，司马光也没有因为英宗皇帝没有接受而灰心，接着又上了《言遗赐第二子》，再次说明自己拒绝接收赏赐的原因，那就是为了"通上下之情，慰远近之心，塞无厌之怨"，而绝不是"夸小廉竟不忠"。司马光完全是出于忠心，想要以自己的实际行动，来扭转那种违反俭朴、滥赏溢赐的颓靡风气。

司马光把英宗皇帝所赏赐的那份珠宝和金钱捐赠给谏院和亲戚，这一举动应当说是很可贵的，因为皇帝的赏赐这里体现着皇恩浩荡，光荣无上，但司马光并没有陶醉在这上面，而是以俭朴为出发点，严格要求自己，从自己做起，真是难能可贵之至。司马光崇尚俭朴、反对奢华的思想和主张犹如一条主线，始终如一的贯穿着他的工作的每个环节。仁宗皇帝安葬完毕以后，他又向英宗皇帝上书《乞放宫人子》，请求英宗皇帝："对先帝仁宗皇帝后宫那些非御幸有子，及没有位号和执掌文书的人，都应当给他们一些必要的物品，放他们各自回到

自己的家。"皇帝这样做，也可以使人们感到皇帝重人世
省浮费的浩荡皇恩，从而获得万民衷心热爱。后来宋英
宗又计划把宫廷里外大规模整修一番，按理说这是每个
封建皇帝即位后的常有举动。但是，在没有开工前，司

马光知道后也向皇帝上书，在《论修造子》里，他建议对于损坏不大的房宇和不重要的建筑，应当取消修筑。至于需要修筑的房屋也应当尽力简单，早日完成，切忌过分宏伟壮观。

宋英宗即位之初，一则因为身体健康状况不好，再则是皇太后垂帘听政，所以他很少过问朝政。后来皇太后还政给英宗，他虽然也亲临大殿直接听政，不过对重大朝政又常常不能决断。在朝臣奏议国事时，英宗常举棋不定。因此群臣焦急，甚至是皇帝在上面左右观顾，群臣在下面是延颈倾耳，局面非常难堪。司马光为此上书建议英宗决定大事，应当果断，行就是行，不行就是不行，决不应当犹豫。做皇帝是天下之主，是万民之主，决不能是牌位。司马光这样向英宗建议，实际也是对他的启发和鼓舞。

司马光很重视德的重要性，特别是在任选官员时。也正因为这样，他把这种思想又贯穿在考试制度上，不过司马光也不是不分情况的一个劲儿地强调品德的作用。在不同的情况下，有时他也强调才的作用，比如对皇帝，司马光就认为才华更重要。他说正因为才能有好坏，所以世界才有兴衰。智勇一时为第一的皇帝是创业者。中等才能又自己严格要求的皇帝是守成者。才能过人而又自强不息的皇帝是中兴者。在才能方面是下愚又不能改

101

变的皇帝，一定是乱亡者。中等才能又不能不自修的皇帝是陵夷者。在这里司马光是强调才能的重要性，而把道德放在才能的后面，因此，我们不难看出司马光在德与才的重要性方面，也是因时因人而变的。司马光这种德才关系的变化，是有他的正确方面。

宋仁宗嘉祐六年（1061年）八月，宋仁宗皇帝亲自来到崇政殿，主持策试贤良方正能直言极谏之士的论策。司马光也有幸参加了负责评阅试卷。这次考试苏轼、苏辙兄弟也参加了。他们两人的试卷答得都很出色，判卷官员都称赞辞理高绝，文才是考生中佼佼者，无人不服。但是，苏辙的答卷最接近实际，并直接批评宋仁宗皇帝不关心西北的防务，所以发生西夏内侵。又指出宋仁宗沉溺后宫，嬉戏于后妃之间，不问朝政，对官员和后宫又赏赐无度，滥溢赏赐。苏辙言辞尖刻，针对性明确。从文才水平和答卷都应录取，但录取哪个等级又发生分歧。有的评卷官认为应当录取四等，司马光主张录三等。而有的评卷官又主张不录取，认为是策论不对所问，而引用的唐穆宗、唐恭宗的事例又都不是盛世，所说的话也不切合实际。不过，司马光坚持录取。因为所陈述的朝廷得失，多为事实，又没有顾虑，在考生之中，是最为直率不过的了。对这样考生如果不录取，那么考生就不会再直言切极谏了，甚至很可能出现以直言为讳的弊端。司马光与不录取的评卷官争论不休。最后宋仁宗皇帝表示：我们要求直言，而现在又因直言而不能录取，那么全国将会怎样来议论我们呢？宋仁宗是主张录取苏辙的，而后把苏辙录取为四等。最后又要任命官职。当时，王安石担任知制诰，他负责写任命书，可是王安石认为苏辙在策论中专门攻击皇帝，所以不肯写任命书，后来宰相韩琦没办法又改让别人来写任命书。

其实，在录取苏辙中是三等还是四等，这反映出当时对苏辙的策论的正确评价，司马光肯定苏辙的品德，然后又肯定苏辙的为人。在司马光认为，直谏是官吏的美德，只有具有这种美德的人才能具备做官吏的起码条件。也就是在争论录取苏辙过程中，他向皇帝上了奏折《论举贡状》，在这里非常明确提出"选出士人的方法，应当以品德为先决条件"，同时又提出在选人方面应当是科举和推荐两种方法都用。又建议每次录取进士，应当留出三十个空名额，给推举上来的孝廉及第留用。对这些人任命他们为官，应当与进士相同。被推荐的士人也要品德好，懂得学术。

　　司马光忠诚正直，勇于谏净，很多建议都曾被朝廷采纳。皇帝对他始终是很信任的，而且他在大臣中的威信也始终很高。英宗皇帝于治平二年（1065年）十月，把司马光任命为龙图阁直学士兼侍读。

编著《资治通鉴》

　　著史，也是司马光从政治国的一种方式。早在仁宗嘉祐年间（公元1056—1063年），司马光担任天章阁待制兼侍讲官时，看到浩如烟海的史籍，即使一个人穷其一生也是看不过来的。于是他逐渐产生了一个编写一本既系统又简明扼要的通史的想法，使人读了之后能了解几千年历史的兴衰得失。他的想法得了好友——历史学家刘恕的赞同和支持。

　　宋英宗治平元年（公元1064年），司马光把自己创作的史书《历年图》25卷呈献给英宗，过了两年又呈上《通志》8卷本，记述了从周烈王二十三年（公元前403年）到秦二世三年（公元前207年）共195年的历史，主要写秦、楚、齐、燕、韩、赵、魏七国的盛衰兴亡，供皇帝参考。

　　英宗看后，非常满意，要他继续写下去，并下诏设置书局，供给费用，增补人员，专门进行编写工作，并明确内容侧重历代君臣事迹，肯定了史书的价值。这部《通志》后来收集在《资治通鉴》中，即《资治通鉴》的前八卷。大概也就是从这时起就更加坚定了司马光写史书的决心了，他选中时任和川（今山西安泽县）县令的刘恕。刘恕时年35岁，自幼聪明好学，酷爱史书，13岁通览汉、唐典籍，18岁考中进士。其才华深为主考官所钟爱，尤其刘恕对史学有着丰富的知识。因此，当司马光考虑书局协修人员名单时，刘恕便成了一个不可多得的人选。第二名协修为刘攽，他长期担任州县官，时为国子监直讲。他在仕宦沧桑的一生中，除恪尽职守外，

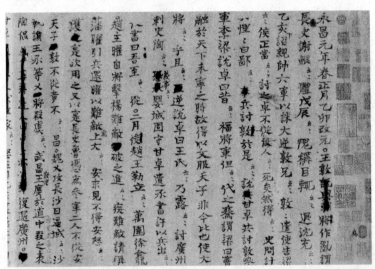

《资治通鉴》草稿

还"著书百卷，尤邃，史学"。他精通六经，习知汉魏晋唐之典。在书局内负责起草两汉部分。第三个协编是范祖禹。嘉祐八年（1063年）中进士，他入书局时才30岁，长期和司马光一同修书，不求仕途显达，甘心默默无闻。

1071年，王安石为相，在政见不同、难于合作的情况下，司马光请求担任西京留守御史台这个闲差，退居洛阳，专门研究历史，希望通过编写史著，从历史的兴衰成败中提取治国的经验。

司马光来到洛阳，从政治漩涡中走出来，有一种超脱凡尘的感觉。当时的洛阳，也是全国文化和政治的最大中心之一，在这里居住着很多过去的名臣，这些名臣每人都有一份园林，一幢别墅。园林别墅建筑精巧，地势清幽，里面有精美的假山真水，奇花异草，松柏参天。特别是洛阳牡丹花，更是芳香锦绣，令人陶醉如痴。每当夏季盛开更似花雨，无边无际，游人步入其中，简直犹如漫步花海，又似高登碧云，花香浸人肺腑，叶海迷人忘返。

司马光在这里编写《资治通鉴》大概是再理想不过了。宋神宗熙宁六年（1073年），司马光把自己的住处取名为"独乐园"，为什么称为独乐园呢？司马光的"乐"，主要集中在两件事情上：一是读书，当然还包括著述，即编修《资治通鉴》；二是钓鱼、采药、浇花、剖竹等

等，既是困倦时的休息，也是快乐的一部分。这两项也可以理解为，司马光在洛阳日常生活的主要内容。司马光在独乐园中，点缀了"读书堂""弄水轩""钓鱼庵""种竹斋""采药圃""浇花亭""见山台"等若干建筑。

独乐园颇有一番诗境，"青山在屋上，流水在屋下，中有五亩田园，花竹秀而野。"独乐园的范围不大，建筑也简朴雅致，园丁也不多，司马光与园丁的关系相处很好。据记载有名园丁叫吕直，多年莳弄独乐园。这位忠

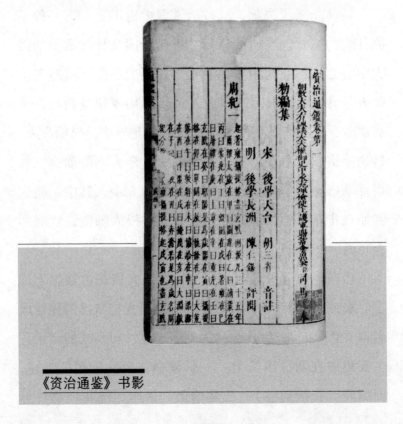

《资治通鉴》书影

诚的园丁是尽职尽责的，一年四季使园中的花草树木长得茂盛，开得应时，而且整齐别致。司马光曾为独乐园中的建筑各赋诗一首，成《独乐园七咏》：

《读书堂》：吾爱董仲舒，穷经守幽独。所居虽有园，三年不游目。邪说远去耳，圣言饱充腹。发策登汉庭，百家始消伏。

《钓鱼庵》：吾爱严子陵，羊裘钓石濑。万乘虽故人，访求失所在。三旌岂非贵？不足易其介。奈何夸毗子，斗禄穷百态。

《采药圃》：吾爱韩伯休，采药卖都市。有心安可欺，所以价不二。如何彼女子，已复知姓字？惊逃入穷山，深畏名为累。

《见山台》：吾爱陶渊明，拂衣遂长往。手辞梁王命，牺牛惮金鞅。爱君心岂忘，居山神可养。轻举向千龄，高风犹尚想。

《弄水轩》：吾爱杜牧之，气调本高逸。结亭侵水际，挥弄消永日。洗砚可钞诗，泛觞宜促膝。莫取濯冠缨，红尘污清质。

《种竹斋》：吾爱王子猷，借宅亦种竹。一日不可无，萧洒常在目。雪霜徒自白，柯叶不改绿。殊胜石季伦，珊瑚满金谷。

《浇花亭》：吾爱白乐天，退身家履道。酿酒酒初

熟，浇花花正好。作诗邀宾朋，栏边长醉倒。至今传画图，风流称九老。

此外，独乐园至少还有一井亭。宋代洛阳风俗，春天放园，任人游赏，园丁得"茶汤钱"，例与主人平分。一天，园丁吕直把司马光应得的十千钱交给他，司马光不要，令他拿走，吕直说："只端明不要钱？"十多天后，用那笔钱建了一井亭。

司马光在这里紧张地工作，夜以继日地编撰《资治

通鉴》，为了能尽快编完，自己制订计划，长编每四丈截为一卷，自课三日删一卷。如果当天完不成，第二天要早起或晚睡补上。司马光终日编撰，规律性很强，他身边有一老仆，老仆是一二更即先休息，司马光写作至深夜，然后灭火熄灯自己睡觉。至五更了，他又起来点灯写书，每天如此。司马光坚持写书，他的仆人也很心疼他。一次春暖花开时期，司马光与朋友去观赏风光，一晃十天没有回来。老仆便抱怨司马光说："又有十几天啦，没看一行书，没写一行字。"使司马光即刻醒悟，以后再有人来邀请他外出，司马光只好婉言谢绝。

司马光的好朋友经常光顾，因为都是些年龄大的老者，所以组织了"耆英会"。如做过京西留守的文彦博，还有司徒富弼，司封郎中席汝言，朝议大夫王有恭，卫州防御史冯行已，秘书监刘几，天章阁待制楚建中等。他们常聚集在资胜院内的大厅里，议论时事。

"耆英会"实际上是一个在野外的政治组织。后来又有同甲会、真率会。随着形势的变化，原来设的书局，现在随着司马光调洛阳后，而书局自然也迁到洛阳，实际上独乐园也成了书局办公的地方。司马光的助手，现在有范祖禹，不久司马光的儿子司马康也来到书局，这样书局又开始正常运作。司马光确实准备把自己的全部精力投入到《资治通鉴》的编写中去，而现在助手也配

齐，又很得力，因此写作的进度在空前加快。

本来《资治通鉴》是边写边由司马光给神宗讲解，但自从司马光离开京城来到洛阳以后，这一讲解也就终断。《资治通鉴》上自战国，下至五代，上下贯穿千余年，内容宏厚，凡关于国家兴衰，系民生之休戚，善可为法，恶可为诫。体例略似《春秋》，为编年史。《资治通鉴》这一书名是由宋神宗皇帝取的，他认为："诗云：'商鉴不远，在夏后之世'，故赐其书名曰《资治通鉴》，以著朕之志焉耳。"

对宋神宗赐书名的原意，宋元之际的封建史家胡三省解释更为确当。他说："神宗皇帝以鉴于往事，有资于治道，赐名曰《资治通鉴》，且为序其造端立意之由。"司马光是主持修著《资治通鉴》，统管全书的定稿和义例，而具体分工，先秦以前是司马光撰写，汉代是刘恕撰写，三国至魏晋南北朝，由刘颁撰写，隋唐由范祖禹撰写。五代部分也由司马光撰写。后来司马光的儿子司马康也来书局工作，他只是做检阅文字工作，即资料校对工作。《资治通鉴》编著工程浩大，他们广泛搜集资料，据后人研究结果表明，这部书共引用书籍有322种，其中正史25种，编年史29种，还有年历代谱牒类8种，别史类54种，杂史类68种，地方史类34种，诸子类9种，大约总共300多种。

　　司马光编撰《资治通鉴》，虽然因为政治风波不断遭到干扰，但他在助手的全力支持下，尤其是神宗皇帝的关怀下，进展也很快。自神宗熙宁四年（1071年）四月，司马光来到洛阳以来，到熙宁九年（1076年）秋，先后写完了《晋纪》40卷、《宋纪》16卷、《齐纪》10卷、《梁纪》22卷、《陈纪》10卷、《隋纪》8卷、共计106卷。接着自熙宁九年（1076年）秋到神宗元丰七年（1084年）秋，又写完了《唐纪》81卷、《后梁纪》6卷、《后唐纪》8卷、《后晋纪》6卷、《后汉纪》4卷、《后周纪》5卷，共110卷。到元丰七年（1084年）十一月，全书告成，并上呈神宗皇帝。

　　《资治通鉴》进呈后，丞相王珪、蔡确去见神宗，

问（书）怎么样？神宗答："当略降出，不可久留。"又赞叹："贤于荀悦《汉纪》远矣。"散朝后，神宗派人将书送到中书省，每页都盖上"睿思殿"的印章。睿思殿，是皇帝在宫中读书的地方。舍人王震等正好也在中书省，跟着丞相来看，丞相笑说："君无近禁脔。"

元丰七年（公元1084年）十二月初三日，以《资治通鉴》书成，以端明殿学士兼翰林侍读学士司马光，为资政殿学士；校书郎、前知龙水县范祖禹，为秘书省正字。当时刘恕已卒，刘颁遭废黜，所以未有嘉奖。后来，司马光嫌《目录》太过简略，打算作《举要历》80卷，可惜没来得及完成。另著《历年》2卷、《通历》80卷、《稽古录》20卷。

《资治通鉴》的资料来源，首先是国家藏书，如龙图阁、天章阁、三馆秘阁的书籍。其次是神宗皇帝所赐的颍邸旧书，最后是司马光自己藏书，他向别人借阅的私人藏书。史料的宏渊是史书中之最。《资治通鉴》是一部编年史，严格地说是一部政治编年通史，对历代政权更换、得失记载较为详细。在政治事件中对战争记载较为详细，如著名的赤壁之战，淝水之战，都是写得非常精彩，为后人赞诵不绝。对农民起义写得也较为详细，如黄巢起义军进入长安。一般史家都把黄巢列为盗贼，而司马光虽然也是把黄巢起义列为盗贼，但恶毒攻击较少，此也颇为可贵。司马光对统治阶级，尤其是皇帝的荒淫记载也很多，如汉成帝的荒淫，西晋贾后的荒淫，唐玄宗的奢侈，都毫不隐讳地加以记载。相反，对经济发展、经济布局记载较少，对文人雅事，司马光更不重视，对著名诗人的作品也多不涉及。对于历史上的伟大诗人也很少录入。如屈原、李白全都不见，至于杜甫也只是王叔文吟诗："出师未捷身先死，归来英雄泪满襟"句才得以记录。

　　司马光在《资治通鉴》中，记载也围绕政治中心，

凡是能够"以鉴于往事，有资于治道"的事件，他都尽力记载，相反不足以鉴于往事和无"资于治道"的事件，就不予以记载。《资治通鉴》这部史学著作，自从完成之后一向被人们所重视，历代统治阶级都想从中吸取治世之道，历代学者也都想研究出治世之道，实际上它也在向人们用无情的事实显示了"善可为法，恶可为诫"秘诀。《资治通鉴》以自己的真理光辉屹立在史苑中，而司马光也因此被人们予以由衷地敬仰。《资治通鉴》的著述意义已远远超过了司马光著史治国的本意，它不仅为统治者提供借鉴，也为全社会提供了一笔知识财富。清代学者王鸣成说："此天地间必不可无之书，亦学者必不可不读之书。"《资质通鉴》已和《史记》一样，被人们称为史学瑰宝，广为流传，教益大众。而研究者也代代相沿，使其成为一门专门的学问，即"通鉴学"。

《资治通鉴》完成后，司马康曾对朋友说："此书成，盖得三人焉。"意思是说《资治通鉴》得以成书，刘恕、刘攽、范祖禹三人功不可没。又说："《史记》前后汉，则刘贡父（刘攽）；三国历九朝而隋，则刘道原（刘恕）；唐迄五代，则范淳夫（范祖禹）。"由此看来，三人的分工前后是有变化的。可能的情形是刘攽在离开书局以前，已经完成或者基本完成了《史记》及前后汉部分的长编；刘攽离开后，三国至隋部分可能就交给了刘恕；刘恕去世前，已完成或基本完成了三国至隋部分的长编，去世后，五代部分可能又交由范祖禹负责。

《资治通鉴》是我国历史上第一本编年体通史，记述了从周烈士二十三年（公元前403年）到五代后周显德六年（公元959年），共计1362个年头的历史。全书共计294卷，另30卷，《考异》30卷。这部书选材广泛，除了有依据的正史外，还采用了野史杂书320多种，而且对史料的取舍非常严格，力求真实。这部书所记述的内

编年体通史《资治通鉴》

司马光编纂了中国历史上第一部

容也的确比较翔实可信，历来为历史学家所推崇。而且《资治通鉴》记事简明扼要，文笔生动流畅，质朴精练，不仅可以作为史学著作阅读，有些篇章也可以作为文学作品来欣赏。

当然，这些都与司马光的呕心沥血分不开。在洛阳的十五年，他几乎耗尽了全部心血。在完书后他曾上表皇上说："臣现在骨瘦如柴，老眼昏花，牙齿也没几颗了，而且神经衰弱，刚刚做过的事情，转过身就忘记。臣的精力全都耗费在这部书里了！"司马光为编书经常废寝忘食，有时家里实在等不到他回来吃饭，便将饭送至书局，还要几次催促，他才吃。他每天修改的稿子有一丈多长，而且上面没有一个草书，全是一丝不苟的楷书。书成之后，仅在洛阳存放的残稿就堆满了两间屋子，可见他为这部书付出了多么艰辛的劳动。

司马光一生除著述《资治通鉴》外，还有《通鉴举要历》80卷、《稽古录》20卷、《本朝百官公卿表》6卷。此外，他在文学、经学、哲学乃至医学方面都进行过钻研和著述，主要代表作有《翰林诗草》《注古文学经》《易说》《注太玄经》《注扬子》《书仪》《游山行记》《续诗治》《医问》《凉水纪闻》《类篇》《司马文正公集》等。

最后时刻

　　《资治通鉴》写成以后，司马光官升为资政殿学士，老百姓都尊称他为司马相公，而司马君实这个名字，妇孺皆知。神宗逝世时，在外地的重臣纷纷赶往京城追悼神宗。已经十五年未再踏上京城土地的司马光也带着两位侍童骑着一匹马从洛阳而来。他的突然出现，给京城的百姓带来了莫大的欢喜与希望。消息迅速传播，人们欢呼雀跃，欢迎司马光的人流从京城各处涌来。卫士看见他，都说："这就是司马相公。"他所到之处，百姓夹道欢迎，以至于马都不能前行，老百姓对司马光说："您不要返回洛阳，留下来辅佐天子，救救百姓吧。"等到哲宗即位、太皇太后临政时，司马光已是经历了仁宗、英宗、神宗的四朝元老，颇具威望。

　　司马光从哲宗元祐元年（1086年）二月二日，担任了宰相职务。司马光做宰相时，曾亲书"榜稿"，就是启示，张贴在客位，内容如下："访及诸君，若睹朝政阙遗，庶民疾苦，欲进忠言者，请以奏牍闻于朝廷，光得与同僚商议，择可行者进呈，取旨行之。若但以私书宠谕，终无所益。若光身有过失，欲赐规正，即以通封书简分付吏人，令传入，光得内自省讼，佩服改行。至于整会官职差遣、理雪罪名，凡干身计，并请一面进状，光得与朝省众官公议施行。若在私第垂访，不请语及。某再拜咨白。"——来访诸君，若见朝政缺失，或黎民疾苦，欲进忠言，请以奏疏上奏朝廷，我将与同僚商议，择可行的进呈圣上，领旨施行。如只以私信垂示，终无益处。如果我自己有过失，欲赐匡正，请以书信交门吏

司马光像

121

传进，我将深刻反省，谨遵改正。至于升迁官职，或者洗雪冤屈，凡与自身有关，都请一律呈状，我将与朝廷众官公议施行。若在私第垂访，请勿谈及。司马光再拜谨禀。

宰相司马光每每询问官员们的俸禄够不够家庭开销，有人不理解，特地去问，司马光回答他："倘衣食不足，安肯为朝廷而轻去就耶？"意思是说，如果官员们成天要为生计操心，还怎么肯轻易为朝廷效力？

范祖禹曾说："公为相，欲知选事问吏部，欲知财利问户部；凡事皆与众人讲求，便者存之，不便者去之，此天下所以受其惠也。"

司马光家有一仆人，三十年来都称司马光为"秀才"。有一天苏轼来访，就教那仆人该如何如何。第二天仆人改称司马光"大参相公"。司马光惊问原委，仆人以实相告。司马光说："好好一仆，被东坡教坏了。"司马光大概挺烦那些头衔的，以他的个性，或许会认为它们就是些奢华的衣服。

这个时期的司马光已经是66岁的老翁了，繁重的政务一时落在他的肩上。他以政治家少有的毅力，有条不紊地在高太后和哲宗皇帝的支持下，开始了有计划、有步骤、全面、彻底废除熙宁新法的活动。当时司马光功高盖主、权重无边，连辽国、西夏派来的使者也必定要询问司马光的身体起居，他们的国君对戍守边境的将官说："大宋用司马光做宰相，你们轻易不要惹出事非，使边境出问题。"

司马光晚年已疾病缠身。他写信给吕公著说："我把身体托付给医生，把家事托付给儿子，只有国事还没有托付，今天就把它交给您吧。"于是上书论免役法五大害处，请皇上下诏废除，并请求废除提举常平司；边地的策略以与西戎讲和为主；又建议设立十科荐士之法。这些建议都被朝廷采纳。

早在哲宗元祐（1086年）正月，司马光就筋力衰微，双腿不听使唤。为此不得不告假在家养病治疗。高太后

司马光故居

又派御医轮流给司马光治病。浩荡皇恩感召着这位老臣，使他更加努力地工作，但病情并没有好转。不过他也在与病情争时间，一方面自己坚持努力工作，克服病情带来的痛苦，又一方面督促部下加倍努力，尽快扭转朝政。他对朝议大夫彭寂说："于朝政阙失，民间疾苦，愿不惜以时间上闻。"司马光自己在忘我工作，也要求他的部下与他一起加快步伐，加速废除熙宁新法的步伐。为了不影响工作，司马光拒绝熟人登门拜访，并贴出条幅"访及诸君，若在私访，不请语及。某再拜咨白"。随着工作的步伐加快，疾病也加快了脚步，八月，虽然是金秋季节，司马光的两脚不能迈步了。

　　一次，本来应当由他主持的明堂大礼，他也没法到

司马光墓

场了。别人劝他注意身体，他却说："人的生死是命中注定的。"病危时，他在失去知觉的情况下，还不停地呓语，说的全都是关乎朝廷天下的大事。

到了九月初一这天，司马光把大事都安排好了，但他再也不能做任何工作了。在西府宰相官邸，他静静地离开了人世，而一切大政也都安排妥当。元祐元年（1086年），司马光逝世，终年68岁。他死后殓入早备好的薄棺，遗体仅盖一旧布被，随葬的只是一篇专门颂扬节俭的文章——《布衾铭》。前来吊唁的太皇太后、皇帝和大臣看到府中萧然，满屋图书，床上铺一领旧竹席，都慨叹不已。朝廷送来2 000两丧葬银，其子遵父遗命全部退回。司马光去世以后，家人发现八页未及上呈的奏章，全是手札，论当世要务。太皇太后和哲宗追封司马光为温国公，赐一品礼服，谥"文正"，命侍读学士苏轼撰写碑文，并亲自题写了"忠清粹德之碑"六字碑额。随即委派钦差大臣督工，发陕、解、蒲、华四州之士卒，征附近各地之巧匠名工，穿土凿石，历时两月，用工两万，为司马光营建了墓地。元年（公元1090年）五月，也就是司马光逝世同年五月，始将灵柩从京师运回，安葬于此。

司马光一生忠孝节义、恭俭正直，他安居有法、行事有礼。司马光一生从不说谎话，他评价自己时说："我

没有什么过人之处，只是平生的所作所为，皆问心无愧!"百姓都敬仰信服他，陕州、洛阳一带的百姓被他的德行所感化，一做错事，就说："司马君实会不知道吗?"

元祐三年，在司马光的墓前竖起了一幢巨大的神道碑，盖了木结构碑楼。这一切是帝王对人臣的奖掖，也是对司马光一生的肯定。京城的人听到噩耗，都停工前往吊祭；岭南封州的父老乡亲，也都备办祭祖；都城和周围地区都画了司马光的遗像祭祖，吃饭时必定为之祈祷。

司马光从20岁入仕做官直到病死，其间除有15年时

司马温公祠前的「杏花碑」亭

间从事《资治通鉴》编修工作，其余30余年担任官职。在这30多年的政治活动中，他以一个忠君、忧国和直言敢谏的贤臣的形象表现了他的政治见解，并以此显扬于当世。特别是在他五年的谏官（公元1061—1065年）任上，认真履行了一个言官的职责，关心政事，对朝廷竭尽忠诚，五年之中，前后共上奏章177余招，其中对有些重大事件一奏再奏，多重奏至六七次，他为北宋政权的巩固而出谋划策，不惜呕心沥血。司马光在学术上对我们民族的影响远远超过他在政治上所起的作用，他为后人留下了宝贵的精神财富。他将会同中华民族的古老文明一起永远留存！